学ぶ、向きあう、生きる

大学での「学びほぐし《アンラーン》」
精神の地動説のほうへ

Kusuhara Akira
楠原彰

太郎次郎社エディタス

学ぶ、向きあう、生きる

目次

目次

第2章◆見えない隣人としてのマイノリティ

第3章◆関係の貧困／孤絶の文化から〈現場〉体験へ

プロローグ◆「精神の地動説」のほうへ

自分の弱さや悲しみを中心に地球が回っているわけではないのに、そこから自由になれない若者たちが多い。

どんなにすばらしい人と出会っても、どんなにすさまじい現実や世界と遭遇しても、どんなに美しいモノや自然に触れても……、最後はいつも「弱々しい自分」に足をすくわれ、そんな自分に惑溺してしまい、「ボクってなに?」「ワタシってなに?」と、したたかに存在しつづける他者やモノや自然や現実の前にたたずんでしまう。

おずおずとたたずみつづけるならまだいいが、自分の弱さなどとは何の関係もなく実在しつづける他者や世界やモノやコトなどに、あえて背を向けたり、耳をふさいだり、無関心を装ったりしてしまう若者たちがいる。

彼ら／彼女らは、一見明るく陽気に振る舞ってはいるが、ふう〜っと、内面の空虚《むなし》さに耐えきれずに、人知れず身をよじったりする。

どうして多くの若者たちがこうした自己惑溺の状態にとらわれるようになったのだろう。その原因は、時代や社会システムに彩られた若者一人ひとりの固有の経験と物語に根ざしていて複雑だが、彼ら／彼女らが小さいときから家族・学校・社会・国家・マスメディアなどとの関係のなかで受容させられてきた、受容してきた、〈暴力〉のありようと深くかかわっていることは間違いないだろう。

この〈暴力〉は南の国々の子どもや若者たちが被っているような「貧困」「飢え」「戦争」といった〈剥き出しの暴力〉ではなく、「愛」「保護」「管理」「依存／従属」「欲望の操作」などにていねいに裏打ちされた内面への〈見えない暴力〉である。

〈剥き出しの暴力〉は怒りの眼差しを直接他者や世界に向かわせるが、内面への〈見えない暴力〉は若者たちの眼差しを自分の心の内側に向かわせ、反撃《たたかい》の源である怒りさえも、自分の弱さや悲しみや卑小さに変質させてしまう。

自分の弱さを中心に地球が回り、自分の悲しみや無力さを中心に世界が動いているという「精神の天動説」ではなく、自分自身が世界とともに動いており、動く世界のなかに存在しているのだという、「精神の地動説」に気づくために、僕たちは若者たちと一緒に、毎年アジアを歩きつづけたり、東北の森に間伐に出かけたり、教室に、日本社会のなかで

〈剥き出しの暴力〉にさらされているマイノリティ（被差別少数者）をはじめとするさまざまな異質な他者に来てもらったり……、しているわけである。

この文章は、私がまだ現職の教師をしている頃、学生たちに向けて大学のウェブ・サイトに寄稿したものだ。ここに掲載するにあたり、少し語句を修正したり付け加えたりしたが、ほぼ当時（二〇〇五年八月）のままである。

読み返してみて曖昧さが残るのは、天文学の用語を使ったメタファーがしっくりいっていないのかもしれない。当時私は、自分の弱さ／悲しさ／淋しさなどを中心に地球や世界や天体が回っていて、自分の内面以外に関心や認識がなかなか向かっていかないカラダとココロのありようを「精神の天動説」的状態と呼び、自分と他者や世界や自然との「関係性」あるいは「相互交通」のなかにこそ自分自身が存在するのだという〈気づき〉を「精神の地動説」の〈発見〉などと呼んで学生たちに語りかけていた。

天文学は、コペルニクスやジョルダーノ・ブルーノやガリレオ・ガリレイといった近代の科学者・哲学者たちによって確立される「地動説」（太陽中心説）の時代から、いまや、はてしなく進化・膨張する光の宇宙を追いかける宇宙物理学の時代に入っているようだ。

しかし、コスモス（神によって支配されている宇宙や世界）の呪縛から一人ひとりの人間の自我（一人ひとりのわたし）を解き放ち、自我とコスモスとの意識的人間的調和・共存の社会関係を模索しつづけたルネッサンス期の科学革命と精神革命から、私たちはまだ十分学んでいるとはいえない。

私たちは世界やコスモスのなかに生きる生命であると同時に、それらを可視化し、世界やコスモスとともに生きようとする意識的な生命存在なのである。また、世界やコスモスと私たちの関係や私たちそれ自身のありようをも、いまとは違うものに変えたり選んだりすることのできる選択・変革可能な生命存在なのである。

そうした生命存在である人間としての自分自身の可能性へのイトオシサと、また、無限の宇宙のなかのかけがえのない自分自身へのイトオシサが、身体の奥底から湧き上がってこないと、自分を宿命のように閉じ込めている〈暴力〉の実像が浮き上がってこず、激しいコスモスの渦に思考を奪われたまま、弱々しく翻弄されつづけざるをえない。

さあ、「精神の地動説」のほうへ旅に出ようよ、こんな思いを学生たちに届けようと綴ったのが先の文章である。

ところが、私が教師として学生たちと過ごした最後の年（二〇一一年）に、私たちは三・一一の巨大地震・巨大津波という未曽有の大災害と原子力発電所の爆発という破局的な事件に遭遇した。

衝撃だったのは、私たちが、私たちの社会が、そして私自身が、いつの間にか「精神の天動説」のほうへ回帰していて、排他的な「安楽への全体主義[1]」（藤田省三）に突き進む巨大システム社会のなかに呑み込まれ、精神と思考を鈍化させたまま暗黒の宇宙（巨大システム）のなかを浮遊しながら、それでも「巨大システム（私たち）は不動だ！」と居直る私（たち）自身の姿だった。

若い学生たちに向かって書きはじめた本書の性質は、いまや変わらざるをえない。若者たちと一緒に、生命《いのち》にとってほんとうに大切なコトやモノとは何かを求める「アンラーン」（学びほぐし[2]）の旅に出ようと思う。

（1）藤田省三「〈安楽〉への全体主義――充実を取り戻すべく」、『全体主義の時代経験』藤田省三著作集6（みすず書房、一九九七年）所収（初出一九八三年）。

（2）unlearnとは、「一度学んで身につけた知識や記憶を捨てる。ドクサ（臆見）から自由になるために学び直す」というような意味だろうが、鶴見俊輔はアンラーンに「学びほぐす」という訳語をあてた（鶴見俊輔「（徳永進との）対談の後考えた――臨床で末期医療見つめ直す」朝日新聞、二〇〇七年一月二三日)。また、鶴見は別の文章(『かくれ佛教』ダイヤモンド社、二〇一〇年)では「学びほどく」とも訳している。

第1章◆わたしの物語、他者の物語、〈みんな〉の物語

1 わたし自身の物語

◆少年期から青年期の〈危機〉をめぐって

今日のこの授業で私が國學院大學の教壇に立つ最後となりますので、「わたしの物語」というタイトルで話してみたいと思います。これまで毎授業時のコメントペーパーや期末レポート、あるいは直接の対話などを通して、みなさん一人ひとりの「わたしの物語」を聞かせていただいたことへの返礼の意味もこめて話させていただきます。

「わたしの物語」(my story) とは、「わたしの歴史」(my history) とは少し違っていて、私が生き抜いていくために、「わたしの経験」を縦糸に「わたしの想像力」を横糸に紡いできた私による「わたしについての語り」(narrative on myself) のようなものといっていいかもしれません。この「語り」は、私自身と他者に向けられます。

幻想的で無責任な「国家の物語」「巨大システムの物語」が、あたかも「みんなの物語」であるかのように、固有でかけがえのない「わたしの物語」や「かれ/かのじょの物語」を無視して押しつけられてくる昨今の状況への抵抗の意味をこめて、今日は「わたしの物語」を語ってみたいと思います。

二〇代の中頃になってようやく気づいたのですが、「わたしの物語」は「かれ／かのじょの物語」や「かれらの物語」、つまり「他者の物語」と出会い、向きあわないと精神の蟻地獄のような自己惑溺におちいってしまうということです。これは底なしの〈危機〉だと気づいても、他者や世界と出会うまで、他者や世界と向きあうことを選ぶまで、なかなか這い上がることができなかったことを私はいま思い出します。

しかしこの頃はまだ、「わたしの物語」と「かれ／かのじょ（他者）の物語」の奥底にうごめく、それぞれに固有で異質な〈心の闇〉の存在に、少しは気づいていたようには思いますが、十分に気づくことはありませんでした。ということは、「わたし」による「他者」へのはたらきかけが、時として「他者の心の闇」に深いネガティヴな影を落とすことがあることに、まだ私はよく気づいていなかったということです。

これは誰にもあるような青春時代の〈危機〉ですが、まずは私の少年時代の〈危機〉から話を始めましょう。

少年時代の〈危機〉――非行

私は一九三八（昭和一三）年五月一九日、新潟県下越地方（中蒲原郡）の信濃川に近い農村に生まれました。秋に刈り取った稲束を干すための稲架木《はざぎ》が点在し、灰色の雲が低くたれこめる荒涼として湿った田圃の広がりが、私の原風景です。

生まれた時代は、日中戦争（一九三七年～）直後の太平洋戦争（一九四一年一二月～）に向かう戦間期で、屋根まで届くような大雪の日に叔父を戦地に送り出す「日の丸」の行列などがかすかに記憶に残っています。

私の家は、解体しかけている大家族農家でした。一〇人きょうだいの長男だった私の父だけが師範学校に送られ小学校の教師となり、近郷の社家（神社）の生まれで女学校を出て小学校教師になったばかりの母が父の家に嫁いできて、私たち（五人きょうだい）が生まれました。

私はその長男で、妹が三人、弟が一人といった構成です。母はそれまでまったく農業経験がなく、学校のある日は教師をしていたもののそれでも大家族農家の嫁ですから、ずいぶんと苦労したと思います。

農業をやっている祖父母や親族のかもしだす文化と、また、ほとんどが専業農家であった友人たちの家々がかもしだす村の文化と、それと小学校教師だった私の両親のかもしだす文化の差異のなかで、私は自分がいつも宙づりにされて浮游しているというか、引き裂かれていて、どこにも居場所がないような気分にさらされていました。

そんななかで、大家族農家の軋轢から母が流すまとわりつくような湿った涙も加わり、私はいつのまにか盗みや暴力を繰り返す非行少年になっていました。長男（私）の非行もまた、母の涙の新しい原因となりました。盗みはほとんど祖父母の金銭をねらったものでしたが、暴力は弟や妹への暴力と小さな動物への虐待でした。

とりわけ弟への暴力は、私の内面のトラウマになっていまでも疼いていますが、弟の内面に刻みつけられたであろうトラウマの深さを思うと、償うことも謝ることもできない罪の重さとなって私を苦しめることがあります。弟ほどではありませんが、妹たちに対しても同じ思いがあります。

私の非行に打つ手のなくなった母がある夜、私を仏壇の前に坐らせ、「仏様に謝りなさい……」と言ったまま、何時間も何時間も一緒に坐っていたこと思い出します。しかし、私の非行は何年も続きました。

大勢の友人たちの面前で屈辱を与えた小学校の同級生に対して、殺意を秘めてナイフをしのばせて登校したことがあります。〝ナイフを使うなんて卑怯だ〟という、当時ちょっと憧れていた女生徒の一言によって実際の行為に及ぶことはありませんでしたが、あれも少年時代の〈危機〉の一つだったと、いま思います。

私が盗みや暴力、つまり、少年時代の非行から解放されるきっかけは、二つあったようです。一つは、父の転勤にともなって両親ときょうだい五人の私の家族だけが祖父母たちの大家族農家を出て、近くの町に引っ越したことにあります。異質な二つの世界と文化に引き裂かれることのなくなった私は非行の意味を失ったのでしょうか、ぴたりと非行は終わり、少年時代の〈危機〉から抜け出ることができました。

もう一つ、〈危機〉から抜け出ることに力を貸してくれたのは、小学校の五年と六年の担任だった砂井久造先生の存在でした。先生は家での私の非行のことを母に相談されてよく知っていたようで、非行がピークの頃、〝おい、映画見にいかんか〟と声をかけてくださったのです。町にある自分の家に連れていってご馳走してくださり、そのあとで映画館に連れていってくれました。畳を敷きつめた小便くさい映画館でその夜上映されていたのは「弁慶の勧進帳」のような白黒の時代劇でしたが、先生が買ってくれたカリン糖のような駄菓子のおいしかったことは忘れることができません。

先生は戦争で右足を腿の付け根から失っており、義足をつけて教壇に立っていました。義足のまま野球のノックをしてくれたりしていました。あの日の放課後、先生の自転車の後部荷台に乗って、先生の腰につかまりながら聞いた自転車のきしみと義足のギーギーという金属音が、いまでも耳に残っています。

先生は私の非行のことを尋ねたりはしませんでしたが、私は先生にありのまま受け入れられているという、そんな安らぎに似た気持ちになっていたような気がします。

だいぶ後になって、私が親の反対を押し切って東京に出て大学院で学ぶことになったとき、先生は強い口調でこう言われました。

「君の三人の妹さんはみんな高校でやめたんだよな。君の小学校の頃の同級生の多くが大学どころか、高校にも行かずに働いているのを知っているよな。そんな妹さんや同級生のことを忘れたらだめだぞ」

先生は私の青年期の〈危機〉をしっかりと見抜いておられたようです。

前期青年期の〈危機〉――家の拒絶と自己惑溺

一〇代の終わり頃から二〇代中頃にかけての私の前期青年時代は、日本が敗戦後の貧しさと封建遺制の残滓のなかから、高度経済成長と近代化に向かう時期と重なります。

私の大学（新潟大学）時代（一九五七〔昭和三二〕～一九六一〔昭和三六〕年）は政治の季節で、

学校教職員への勤務評定反対闘争から、原水爆禁止運動、そして国民的運動となった日米安全保障条約改定阻止闘争[1]の時代でした。私も人並みに運動にかかわってデモや集会に出ていましたが、まだ世界がよく見えず、社会的関心も薄いものでした。

私がとらえられていたのは弱々しい私自身でした。私自身の生き方とかかわって「他者」や「世界」が気になりかけてきてはいましたが、自己惑溺の状態のなかでのたうちまわるような日々を過ごしていました。長い旅をしながらも、自分のことしか見ていませんでした。この頃多くの友人たちを傷つけたのではないかと思います。

大学のある県都の広いメインストリートを学生たちが占拠して行進する、安保反対のジグザグデモの最後尾にくっついてデモをしていたときのことでした。歩道で見物していた人たちの一人から、したたかに背面を蹴りあげられたことがありました。振り返ったら蕎麦を配達する途中らしい白い仕事着姿の、私と同じくらいの若者でした。

私の背中を二重の痛みが走りました。蹴られた痛さと労働を免れてデモをしている私の心の痛み（負い目）でした。その若者の怒りに満ちた眼と、背中と胸の内の二つの痛みは鮮明に覚えています。

その頃はまだ大学への進学率はきわめて低く、私の村から大学まで行ったのは私一人ではなかったかと思います。村に残って農民としてたくましく働いている幼馴染みたちに対して、私は言いしれないわだかまり（負い目）をもつようになっていました。大学進学者が同一年齢の半分を超えた現在のみなさんの場合でいえば、大学など夢の夢でしかない貧しい南の世界の若者や子どもたちに対する「負い目」でしょうか。

大学はつまらなく、劣等感だけが増幅し、文学と映画と旅と、大学の裏庭のような日本海だけが、私の生身の人間の生を実感させてくれるものでした。「選ばれてあることの不安と恍惚と二つ我にあり」などという詩人の言葉をもてあそびながら、また、「わたしの帽子掛けがどこにもない」などというこれまた本で読んだ誰かの言葉をつぶやきながら、劣等感と優越感に翻弄される日々を送っていました。

そんな日常から逃れようと、私はよく旅に出ました。大学二年の終わりの春休み、鈍行列車を乗り継いで、山口県徳山市（現周南市）の沖合に浮かぶ小島（仙島）にあった児童養護施設「希望の家」を訪ねたことがありました。戦後朝鮮半島から引き揚げてきた石丸一寿さん・逸子さんご夫妻が独力で開墾して開かれた施設で、戦災孤児やさまざまな理由で家族と暮らせなくなった少年・少女を中心に、当時三〇人ほどの子どもたちが石丸さん夫妻に抱きかかえられるようにして暮らしていました。

私はそれをある雑誌のグラビア記事で知ったのですが、いてもたってもいられなくなり、なんの断りもなく飛び込んでしばらく居候させてもらったことがありました。さまざまな過去を背負った子どもたちと一緒に畑を耕したり、果樹の手入れなどをして過ごし、春休みが終わったので大学へ戻ったのですが、しばらくして何人かの年長の少年たちが近隣島民の船を無断拝借して施設から脱走したことを知りました。

私が撮って送ったスナップ写真が、警察の捜索写真として使われたことも知らされました。そのときまで私は、自分は自由にどこへでも行けるが、自由にどこかへ行きたくとも行けない少年たちがいることに気づきませんでした。

どこへでも旅立てる自由な翼をもった気ままな私は、島の小さな船着場で彼らに見送られたとき、彼らの心の内側に何が去来していたのかを想像してみることもありませんでした。私は「かれらの物語」に接しながらも、彼らの心の奥の「闇」にまで想いを馳せることができませんでした。これが本当の私の「心の闇」だったと、いまならわかります。

さて、卒業も近くなり、同級生たちはみんな就職を決めていましたが、私は何をしたいのかまったくわからず、それでいて経済的にはどっぷりと家に依存しながら自己惑溺に逃げ込み、無為の日々を過ごすだけでした。恋愛にすがりつこうとしましたが、相手を他者として受容する力量と余裕のない自己惑溺の延長のような恋愛に本気になって付き合ってくれる人が、そんな簡単に現れるはずはありませんでした。

その頃はもう少年時代まで存在していた大家族農家は解体していて、私の両親と五人の兄弟姉妹は、祖父母だけになり田畑を人手に渡してしまった村の薄暗い家に戻って一緒に暮らすようになっていました。高校の終わり頃から私は、自分の家の家族関係や親戚関係に拒否反応を示すようになり、家族や親族が集まるお正月や法事などに出るのがたまらなくいやになっていました。

家族や親族が集まるとなぜか私の神経細胞は平静さを失いました。高校時代のある年のお正月、祖父と取っ組み合いの喧嘩となったこともありました。家のなかが凍りついたことを憶えています。

そんなこともあって、どれだけ家族を悲しませるかを承知しながらも、お正月やお盆にほとんど家にいたためしがなかったほどです。家族との関係がつくれない、友達との関係もうまくいかない。どれだけの人たちを傷つけたことでしょうか。青春時代特有のありふれた〈危機〉だったかもしれませんが、明らかに〈危機〉でした。ここにいるみなさんのなかにも、私と同じような〈危機〉のさなかで苦しんでいる人たちがきっといることでしょう。

結局、何をしていいかわからぬまま大学を卒業し、両親の反対を押し切って東京に出てきました。川崎で精肉店を経営していた親戚の家の小学生の息子の住み込みの家庭教師のようなかたちで、読書三昧の新しい生活が始まりました。さまざまな古典を、安い岩波文庫版で読みあさりました。

私の新しい生活の経済的基盤を支えてくれることとなった住み込み家庭教師というのが、難物でした。当の息子はまったく勉強どころではない状態で、心のなかに何か大きなねじれた陰鬱な闇のようなものをかかえている少年でした。両親や兄弟姉妹からも、店の従業員たちからも、飼っていた犬からも、よく思われていない少年でした。少年はいっこうに机に向かおうとせず、学校の成績も最悪でした。家庭教師の私の立場も揺らぎはじめていた頃でした。

ある日の夕食の食卓で少年が、大勢の家族や使用人の前で家庭教師である私と凄惨な殴り合いをするという事件が起こりました。先に手を出したのは私なのですが、少年がみんなに見せた初めての人間の怒りというか矜持というか……、〝あっ! こいつ生きてる、グズじゃない〟、私も含めてその血（といっても鼻血）だらけの光景に立ち会ったみんながそう感じた瞬間でした。

この話はあっちこっちに書いたり語ったりしたことがあるのでこのへんでやめますが、その後の少年の大きな変化が、少年に似た屈折した精神構造に苦しんでいた私自身を変えてくれるきっかけとなりました。

少年は私との殴り合いに耐え抜くことによって、まわりにいた他者（両親や兄弟姉妹や私や使用人たち）の自分への眼差しを変えました。その他者たちの変質した「受容の眼差し」に支えられて、少年は変わっていったのでした。人間の本質は他者との関係（性）のなかにある、そう私が学んだ瞬間でした。教育の勉強をやってみたい、と本気で考えるようになりました。

家族との歪んだ関係や自己惑溺に苦しんでいて自分を変えたいと思いつづけていた私は、何年ぶりかにお正月に帰省して家族との関係を引き受けてみようと思うようになりました。「他者」が私にとって大切な存在として、どんどん近づいてきました。

一年後に、東京のある大学院にもぐり込むことができ条件のいい塾講師の口も見つかり、教育学の勉強を始めるのですが、同じ頃私は「アジア・アフリカ作家会議」(2)（石川達三会長、堀田善衞事務局長）の東京での報告会（カイロ大会報告講演会）をきっかけにして生まれた「アジア・アフリカの仲間」という泥臭い市民サークルと出会います。アフリカ世界の教育の勉強をやりたいと思っていたからでしょう。

メンバーの多くが若い労働者たちやさまざまな大学の学生たちで、沖縄・被差別部落・在日朝鮮人・基地闘争・第三世界の解放運動・日本の歴史・地域・魯迅・プロレタリア文学……など、本当にたくさんのことを私はそこで学ばせてもらいました。

このサークルは学習会だけではなく、被差別の現場を歩いたり、基地闘争をたたかう農民の家へ援農に泊りがけで行ったり、労働組合を訪ね歩いたり、メーデーに参加したり、堀田善衞・武田泰淳・大江健三郎といった「アジア・アフリカ作家会議」に属していた作家たちの協力を得て市民講座を開いたり……、とにかく体を動かして学びあうという流儀を大切にするサークルでした。それは土屋とみ枝という、「作家会議」事務所で働いていた、信州の農村に根をもつリーダーの存在ともおおいに関係するものでした。

みんな貧しいが対等な付き合いを大事にしあい、世界に向かって生きようとする若者たちの集まりでした。私の人生の「学校」でした。その「学校」から巣立った若者たちは全国に散っていって、後にそれぞれの持ち場でずいぶんと大切な仕事をするようになっていくのでした。そこは、初めて私に、世界・他者・時代・歴史・革命・民衆・自由・解放・抑圧・搾取・戦争責任・加害・差別・参加・帝国主義・民族・連帯・労働者階級・農民・市民……などという言葉（概念）とその背景をなす歴史的現実とを向きあわせてくれた世界でした。

私はそこで、日本に生まれたばかりの「反アパルトヘイト運動」[3]を引き受けるようになりました。何かを引き受けなければ私は前へ進めないことを、直観していました。

このように他者や世界と向きあい、他者や世界との関係を引き受けてみようとすることによって、私は前期青年時代の〈危機〉（家の拒絶と自己惑溺）を少しずつ乗り越えていくことができたと思っています。

また、私が住み込みの家庭教師をしながらたまたま入った大学院がかつての帝国大学である東京大学であったことも、私の青年時代の〈危機〉の一つでした。私には東京（中央）や東大（旧帝国大学）と、湿った故郷の新潟（地方）の農村や学部時代を過ごした大学（地方大学）

との関係が、日本近代が範としたヨーロッパ近代とそれによって植民地にされたアフリカとの関係に重なって見えました。

日本近代を暴力的に牽引してきた東京と東京大学に殺されないで、脱出してきた湿った風土(故郷)とつながって生きていく方法を真剣に考えました。そのためには、東京と東大に象徴される日本近代に適応しない生き方を模索するほかない、そう思うようになりました。

「アジア・アフリカの仲間」という土に根をもつ市民サークルに入ったのも、東北の各地で開かれた東北民教研(民間教育研究)の集会に通うようになったのも、「反アパルトヘイト運動」を引き受けるようになったのも、直接アフリカ大陸に出かけていき、「アフリカ世界」の教育・習俗の勉強を始めるようになったのも……、そういうこととつながっていたと思います。

現代の問題性を地域・日本・アフリカを串刺しにして捉えるアフリカ研究の方法を考えなさいと教えてくれたのは弧高の歴史学者・上原専禄先生(一八九九〜一九七五年)でした。地域の民衆と文化に根差した学びや研究の大切さ、民衆の表現に学ぶことの大切さなどを教えてくれたのは、山形在住の農民詩人・真壁仁先生(一九〇七〜一九八四年)でした。私を「反アパルトヘイト運動」に導いてくれた在野のアフリカ研究者・野間寛二郎先生(一九一二〜一九七五年)は、私が初めてアフリカの旅に出るとき、アフリカを飯(おまんま)のタネにするなよと忠告してくれました。

上原先生はそれまで書物を通じて知っているだけで面識のない方でしたが、「反アパルトヘイト運動」が中ソ論争(4)に起因する日本国内の労働組合や政党の政治対立の影響を受けて頓挫しかかり困り果てていたとき、学生と院生であった「アジア・アフリカの仲間」の二人を東京・吉祥寺の自宅に呼んでくださり、「南アフリカのアフリカ人たちの解放と自由は、日本の私たちの解放と自由の問題でもあります。そのことをお考えになってみたらどうでしょう」と示唆してくれました。これはその後四〇年近く続く、私の「反アパルトヘイト運動」を支える言葉（指針）となりました。

これらの先生方との出会いもまた、私を青年期の〈危機〉から引っぱり上げてくれる力となりました。

システムの侵蝕力と「生き方の原理」のはざまで

東アフリカのケニア、タンザニア、ウガンダへの一年ほどの長旅（当時は往復とも船でした）を終えて戻ってきてしばらくすると、大学闘争が始まりました。アジア諸国を経由してのアフリカへの旅で、私は「国家」というものについて深く考えさせられるようになりました。日本国家のアジア諸国（民）に対する加害の歴史や、アジア・アフリカに進出しはじめていた日本資本による構造的差別・暴力などの問題について、「他民族を抑圧する民族には自由はない」（レーニン）といった言葉とともに考えるようになりました。

ベトナム戦争[5]が泥沼化の様相を呈し、沖縄の米軍基地を飛び立つ米軍機が連日のようにベトナム各地を爆撃しはじめていました。

一九六八年春、東京大学医学部の学生処分問題に端を発し、やがて全国の大学や高校に広がっていく学園闘争の学生たちのスローガンのなかにも、第三世界の民族解放闘争への連帯などの文字が見られるようになりました。医学部闘争が東大の全学部に波及する頃、私は教育学部の助手となりました。

三〇歳で初めて定職に就いたのですが、その頃授業はほとんど行われなくなりました。助手の仕事は、思想やセクトが違っていがみあい傷つけあう研究室の学生・院生同士のつなぎ役や彼らと研究室スタッフ（教授たち）との連絡担当のような役目が大きくなっていきました。心痛むことの多い徒労に近い仕事でした。

私は学部の助手会や教職員組合に所属し、大学の全構成員（学生・院生・助手、教授会スタッフ・職員）による自治（民主化自治共闘系）といった立場で東大闘争にかかわっていました。大学の外では私は、日本国家と社会が加担しはじめていた南アフリカのアパルトヘイト体制に反対する「反アパルトヘイト運動」に力をそそいでいました。この運動にかかわってきた学生の多くが、私の大学闘争のスタンスと対立する「大学解体」（近代合理主義的大学管理と教育・研究の解体）を支持する全学共闘系の若者たちでした。

ここではとても語りきれないいろいろなことが起こり、学生も院生も教職員もそれぞれに傷つきましたが、大学闘争は大学当局（執行部と各学部教授会）、国家（文部省〔当時〕や警察権力）、大企業体、マスメディア、既存の学生自治会や教職員組合、それに陰で暗躍する既存の政治組織（政党）などの合体した力（日本社会を動かす巨大システムの力）によって、政治的に暴力的に終息させられてしまいます。当時の言葉でいうと「圧殺」されたといったほうがいいかもしれません。

イデオロギーや思想が対立しあうように見える組織同士が、システムの崩壊をもたらそうとする力に対しては結束しあう。既存の左の組織にも右の団体にも、ラジカリズムを標榜する全共闘系学生たちのなかにも見られた光景でした。

私自身はこの目には見えない日本社会の陰鬱な巨大なシステムの互いに補完しあう、ぬめぬめとした「複合体」のような力に、子どもの頃から私の内面を浸食しつづけてきて私の影の人格の一部ともなっている「湿った風土」というか「母なるもの」としか言いようのないもの――私の「自立」とはそれとのたたかいであった――を見出してしまい、私の生き方の原理が溶解していくという思いに苛まれていきました。

そして大学闘争にまじめにかかわりあう気力も体力も失って、大学を辞職してしまいました。一九七一（昭和四六）年、三三歳のときでした。

失業してしまいどうやって食べていこうかと思っているときに國學院大學に拾われるのですが、この東大闘争の頃が私の後期青年時代の深刻な〈危機〉だったと思います。この〈危機〉から逃れることができ、それを克服することができたのかどうか私にはまだわかりません。

ごく少数の尊敬すべき人たちを除いて、あの大学闘争にかかわった多くの若者たち（学生、院生、若い研究者や職員）が、あの闘争が提起しようとした課題に「一人の個人として」（一個の独立した知性として）向きあいつづけてくることができなかったところに、半世紀後の現代の〈危機〉の根源をなす「巨大システム社会」の倫理なき暴走の、少なくとも一端があるような気がします。

他人事のように言ってしまいましたが、私の場合で申せば、あの大学闘争から降りた後、「わたし」と「わたしたち」、「わたし」と「かれら」、「わたし」と「集団」、「わたし」と「国家」、「わたし」と「巨大システム」、「わたし」と「天や神々」……、とのあいだの倫理的な葛藤に苦しむことがきわめて少なくなってきたということです。

それは、一人の個人としての「わたし」ということを突き詰めて考えてこなくなってきた、といっていいかもしれません。

さっきも触れましたが、一九七二（昭和四七）年から私は國學院大學の専任教員として働くことになります。その間、市民運動としての「反アパルトヘイト運動」を続ける（南アフリカが自由になる一九九四年まで）一方、授業で出会った学生たちと最初は「ルソー研究会」（一九七四〜七九年頃まで）で学び合い、学外に出てさまざまな人たちと一緒に「民衆演劇ワークショップ」（一九八二〜八七年頃まで）をやったり、私の住む団地内で起こった一一歳の少年の自死をめぐっての市民の会の活動（一九八五〜一九九一年）に参加したり、同僚と一緒に「タイ・インドへのスタディツアー」（一九九〇年代〜二〇〇〇年代）を続けたり、インドツアーの参加者たちと「インド森の民の暮らしとつながる会（ＭＴＫ）」（二〇〇〇年代）というＮＧＯを立ち上げたり、岩手県紫波町の里山の「間伐体験交流ツアー」（二〇〇四年より現在に至る）を続けたりしながら、大学というやはり日本の巨大社会システムの一翼を担う小さなシステムから可能なかぎり距離を保って、それに呑み込まれてしまわないようにしてきました。

大学内行政にはあまりかかわらず、学生たちを自由な学びへと誘ってくれる世界を求めて、大学（教室）を離れて、日本の諸地域、タイの農村、インドの先住民族の村々、東北の森……などを学生たちと一緒に歩いてきました。そのぶん同僚たちに負担を負わせたということもあると思います。

しかし、三・一一の東日本大震災とそれにともなって発生した福島の原子力発電所の惨事を体験し、あらためて生き方の原理が問われていることを再認識し愕然としているところです。かたちはまったく違っていますが、半世紀も前に遭遇した〈危機〉と同じような内実の〈危機〉に直面している、そう感じています。

あのとき（後期青年時代）に遭遇した〈危機〉の体験を基盤にして、私は一九七六（昭和五一）年に『自立と共存』（亜紀書房）という初めての本を書きました。しかし、「自立」と「共存」、「わたし」と「わたしたち」をつなぐ生き方を見つけ出すことができなかった、という思いがあります。

一人ひとりの「わたしの物語」など存在しないかのように、幻想と虚偽に満ちた「巨大システムの物語」は以前よりもいっそう膨張し肥大化しながら、ますます弱者を排除し犠牲者を生みだしつづけているこの日本の巨大システム社会のなかで、一人の個人（わたし）としてどう生き抜いていったらいいか、前とは違って残された時間が短いなかで考えているところです。三・一一の〈危機〉は、一人で日本の、世界の、巨大なシステム社会のなかで生きていかれるみなさん一人ひとりが必ずや遭遇する〈危機〉でもあるでしょう。一度敗北した私ですが、みなさんと一緒にこの新たな〈危機〉を乗り越えていきたいと願っています。

私はいまから三年前の定年退職の折に最終講義をやらせてもらいました。その後三年間、兼任講師として週一回の授業を続けてきて、今日は、私が教壇に立った四〇年間の一番最後の授業であります。

今日はもう期末レポートの提出も終わっているでしょうにたくさんの方々が出席くださり、また、誰にも話していなかったのに懐かしい卒業生の方々もおいでくださり、本当にありがとうございました。

「原発の安全神話」「経済成長神話」「国際競争に打ち勝つ学力」……のように、国家・巨大企業・学校・マスメディア・研究組織体・政党などのコングロマリット（複合体）である「巨大システム」が、まるでそれを「みんなの物語」であるかのように押しつけてくる昨今ですが、他者とともにそれぞれの「わたしの物語」を大切にして紡ぎあいながら、「わたしたち（市民）の物語」を織り上げていきたいものです。

また、どこかでお会いできたら嬉しいです。


（二〇一二年一月二三日・大学での最後の授業の日に）

（1）日米安全保障条約改定阻止闘争
いわゆる第一次「安保闘争」である。アジア・太平洋戦争に敗れた日本の政府は六年後の一九五一年九月、米ソ冷戦体制の下で、軍事・経済・政治・エネルギー政策等全面的に米国に依存しながら経済復興に邁進するという日米安全保障条約（同時に対日平和条約）を結んだ。これにより日本は中国・北朝鮮・ソ連などの社会主義諸国と敵対することになり、また巨大な米軍基地を受け入れることとなった。この安保条約の改定期にあたった一九五九〜六〇年、これに反対し安保条約の廃絶を求める国民・市民・学生の激しい闘争が起こった。これは近代日本史上最大規模の民衆の闘いであった。

新安保条約が国会で強行採決された直後の一九六〇年六月一五日には全国で五八〇万人が参加し、条約成立前夜の六月一八日の夜には三三万人の人びとが国会を徹夜で包囲した。私もそこにいたが、私にはまだ条約の意味がよくわかっていなかった。当時の日本の大学生で反安保のデモや集会に参加したことのない人はほとんどいなかっただろう。

いまなら、現在の沖縄の基地問題、尖閣湾／竹島／北方四島などの領土問題、原発への依存問題などが、すべてこの条約に根をもっていることがわかる。

（2）アジア・アフリカ（AA）作家会議

第二次大戦後の一九五〇年代、欧米列強の植民地支配を受けていたAA諸地域に民族独立運動の嵐が吹き荒れる。そこから一九五五年、インド、中国、インドネシアなどの新興独立国首脳のイニシアティブで第一回アジア・アフリカ会議が、インドネシアのバンドンで開催される。反植民地主義、反帝国主義、民族の自決／連帯が中心理念だった。欧米諸国、ソ連邦中心の社会主義諸国に対抗する、いわゆる

「第三世界」の台頭である。

こうしたＡＡの政治状況のなかから、同じ理念のもとでＡＡ諸地域の作家や知識人らによってＡＡの諸都市で開かれるようになるのが、ＡＡ作家会議である。一九五六年一二月、インドのニューデリーで第一回会議が開かれた。

日本の作家たちも一九五九年、堀田善衞、野間宏、加藤周一、武田泰淳らが中心となってＡＡ作家会議日本協議会（石川達三代表、堀田善衞事務局長）を結成して、ＡＡ諸地域で生まれている文学／文化と政治が一体化した新しい表現を日本の読者たちに伝える活動を開始する。この日本協議会の活動から生まれたのが、私の「学校」となる「アジア・アフリカの仲間」という市民・労働者・学生のサークルだった。

アフリカ、アジア、アラブ、ラテン＝アメリカに登場した、人間と政治と文学（文化）が溶け合った新しい表現は、六〇年代の日本の若者たちをも魅了するものだった。

（3）反アパルトヘイト運動

南アフリカのアパルトヘイト（人種差別・隔離）に反対し、すべての人種／民族の平等と自由を求める運動は、一九世紀末から南ア国内で展開されるが、それを支援する国際的な反アパルトヘイトの運動（ＡＡＭ）は、一九五〇年代のイギリスとアメリカの市民や労働者や教会による人道主義と反レイシズムの運動として始まる。六〇年代以降には欧米の諸都市にＡＡＭ運動は広がっていった。

日本では一九六四年からアフリカ研究者の野間寛二郎らによって「日本反アパルトヘイト委員会」（ＪＡＡＣ）が結成される。そのスローガンは、①南アの人種差別反対、②マンデラ等の政治犯の釈放、③南ア商品のボイコット、④日本の政府と企業のアパルトヘイトへの加担を許さない、というものだった。

初期は市民や学生が中心の市民運動であるＪＡＡＣの運動と日本ＡＡ連帯委員会による反アパルトヘイトの運動等によって細々と担われていたが、一九八〇年代から南ア国内のＵＤＦ（統一民主戦線）やＡＮＣ（アフリカ民族会議）の国内外での反アパルトヘイトと権力奪取の闘争が激化するにおよんで、日本も含めた世界の反アパルトヘイト運動は市民各層や労働者組織に広がっていき、一九九四年五月のＡＮＣのマンデラ政権の樹立に貢献した。

（4）中ソ論争（中ソ対立）

世界の社会主義権力の二大巨頭である中ソ共産党のあいだに起こった政策路線やイデオロギーの対立、論争のこと。中ソの対立は一九六〇年代初頭に表面化する。やがてそれは東欧諸国やベトナム、カンボジアなどにもおよび武力衝突すらともなった。日本の左翼政党（社共など）は両社会主義陣営の影響を強く受けていたので、日本共産党や社会党となんらかのつながりをもっていた日本の平和運動、原水爆禁止運動、労働運動、教育運動、学生運動などにも深刻な対立や分裂がもちこまれた。

日本の反アパルトヘイト運動にもその影響が現れ、一九六四年に誕生したばかりの「日本反アパルトヘイト委員会」（ＪＡＡＣ）も解体の危機に直面したが、野間寛二郎を中心とするＪＡＡＣはその後、政党や労組から離れて自立した組織としてアフリカに関心をもつ日本の若者たちをひきつけていくことになる。

付記

青年時代の「わたしの物語」を語りながら、私の青年時代、とりわけ後期青年時代の〈危機〉を一緒に乗り越えてくれた連れ合いのことを何も語らないできた。彼女にもいくつもの〈危機〉があったはずだ。いつものことだが、私は連れ合いのことを語るのは苦手である。てれてしまうというか、彼女のことをどう語ればいいのか、どう書けばいいのかわからないのである。古い時代の〈男〉の私が顔を出す。

新潟で小学校の教員になっていた彼女と、一九六五（昭和四〇）年から横浜で一緒に暮らすようになるのだが、まだ大学院生であった私は、その翌年からアフリカへの長い旅に出る。彼女の「行ってきたら」という言葉に背中を押されながら。

また、一九七一年、大学闘争に疲れ果て、もう大学を辞めたい、と言ったときも、彼女はお腹に子どもを宿していたにもかかわらず、「そうしなさいよ」とひとこと言って、私の選択を受け入れてくれた。

こうした連れ合いの支えがなければ、「わたしの物語」のなかの上述のような青春後期の〈危機〉は、とうてい乗り越えられるものではなかった。

2 「わたし」と他者の物語を分かちあう

◆大きな「みんなの物語」にあらがって

利光徹との出会い

重度の脳性マヒ者であることを引き受けて生きる利光徹《としみつ》のライフ・ヒストリーを少しでも知ると、その壮絶な「わたしの物語」に絶句する。

一九五七（昭和三二）年生まれの利光は、一〇代の初め、「おまえの将来が心配だ。自分たちが元気なあいだはいいが、面倒をみられなくなったら、おまえどうする?」と語りかけてくる両親に、「一緒に死のう」「一緒に死んでくれ!」と、何度も迫られている。

「おれは生きたいんだ。おれがやりたいことをやってから死なせてくれ!」と叫ぶ利光に、「おまえに何ができる?」と両親が問うてくる……。そう言われると何もできない自分がいた。

それでもおれは生きたいんだ、と言うほかなかった。いつ殺されるかわからない恐怖心が残った。自分は何のために生きているのか……[1]。

利光はやがて家を出て、一九七〇年代初めに脳性マヒ者の解放・自立を目指す運動団体である「全国青い芝の会」[2]と出会い、ボランティア学生や教職員組合の先生たちの助力を得ながら、福岡でこれまた壮絶な「自立生活」を始める。

家族・学校・施設、あるいは周囲の健常者に従いながらおとなしく保護してもらうのが障がい者の生きる道である、といった「みんな(国家・公共)が押しつけてくる物語」に抗して、障がい者として主体的に、健常者と対等に生きるのだという「強烈な自己主張」(「全国青い芝の会」の「行動綱領」)をやめることはない。

利光は「自分の物語」(わたしの物語)に居直って生きていかないかぎり、人間としてどころか、生命体としても生きつづけることができなかった。かくして利光徹は一〇代の終わり頃から、「わたしの物語」を他者や世界に突き出して生きる道を選択していくのである。

そんな利光と僕の最初の出会いは一九九七年だったと思う。当時僕は國學院大學の専任教員で、「教育」や「差別問題」の講義を担当していた。「教育」の授業だったと思うが、授業が終わりかけた頃、教室の一番後ろにいた見知らぬ車椅子の中年の男性が、さっき僕が話したばかりの授業内容に噛みついてきた。それが彼との出会いの始まりだった。

僕の授業には、その年度の受講生や過去の受講生が学外の友人や知人を連れてきていることがよくあったので、そのことには驚かなかったが、公教育から排除・差別されてきた被教育経験をもち、その経験から放たれた彼の教育批判・大学批判の矢には、正直たじろいだ憶えがある。

利光は当時「全国青い芝の会」の書記長の要職にあり、会議や厚生省(当時)交渉などで居住先の福岡からときどき上京してきていた。彼は上京のたびに僕と同僚の柴田保之(障がい者心理学)の研究室を訪ねてくるようになり、時には二人の授業を手伝ってくれるようになった。僕と柴田は「差別とアイデンティティ」という講義を常時一緒に担当していた。

差別と排除との苦闘のライフ・ヒストリーから絞り出される彼の「教育批判」や「差別論批判」は、受講生のみならず僕自身にも痛烈で新鮮なものであった。

たとえば、ある日の「教育論」の時間でこんなことがあった。「私にとって教育とは何であったか」を受講生が語りあっていたとき、教室の後ろで黙って聞いていた利光は、やおら体を大きく揺らしながら語りだした。

僕の教育は抑圧の教育だった。健常者に近づくための教育だった。養護学校や肢体不自由児施設でやったことは最低限の五教科で、それ以上に「リハビリ」と称する訓練ばかり

だった。学校で毎日健常者に近づく訓練を受け、寝泊りしている施設に戻っても訓練ばかりやらされた。それが僕にとっての「教育」だった。優等生の僕はそれに人一倍同化しようとした。やればやるほど教師の受けはよくなった。(3)

またあるときには、二〇〇人を超える一般教養の学生たちに向かって、「ここには僕のような重い障がいをもった学生はいないようですね。どうしてか、考えたことがありますか?」と壇上から問いかけることもあった。

こうした利光の講義は当然のことながら若い受講生たちの心にも突き刺さり、利光のまわりに学生たちが集まってくるようになる。

常時そのなかから利光の介助にかかわろうとする人たち、多くの場合、内面にさまざまな屈折した物語をかかえた若者たちが現れてきた。若者たちは介助を媒介にして、利光の想像を絶するような被差別の物語に耳を傾け、利光は若者たちの介助を受けながら、彼らの屈折した一人ひとりの固有の物語に耳を傾けるようになっていく。

「わたしの物語」が受容されるということ

人間は一人ひとり固有の経験、固有の物語を紡ぎながら生きる。幼児や子ども時代の経験は、これからの人生の試練を耐え抜いて生きていくための「経験の胎盤[4]」となり、その上に彼／彼女の固有の「わたしの物語」が織り上げられていく。

青年時代に紡ぐ物語は他者や世界と切り結んで、人間として未来に立ち向かって生きる希望の源泉となる。

「人間として生きるということは、他者ならびに世界との関係（かかわりあい）を引き受けて生きることだ」とブラジルの教育思想家のパウロ・フレイレがかつて語ったことがあるが（パウロ・フレイレ『伝達か対話か――関係変革の教育学』里見実・楠原彰・桧垣良子訳、亜紀書房、一九八二年）、それは「他者や世界の物語」に向きあわずして「わたしの物語」が外界（他者・世界）に開かれ、「わたしの人間化」が可能となることはない、ということである。「人間化の相互性・他者性」という考え方は、フレイレのもっとも大切にした考え方の一つだった。

それはさておき、不幸にもさまざまな逆境のなかで生まれ育ち、自分の意思とは関係なく他者と引き裂かれて屈折した物語を紡がざるをえなかった子どもや若者たちにとって、「わたし

〈自分自身〉の物語」とは、地底で煮えたぎるマグマのようなものだろう。

誰と出会い、何をどのように学び、誰に支えられ、誰とどのようにして生きていくかによって、彼ら／彼女らのマグマは他者や世界との関係を引き受けて生きようとする自己形成の力強い原動力ともなれば、彼ら／彼女らを自分と他者と世界に背を向けさせ、劣等感と卑小感に惑溺させる負のエネルギーの源ともなる。

今日の僕たちの社会はこうした一人ひとりの「わたしの物語」が大切にされている社会だろうか。とりわけ屈折した「わたしの物語」をかかえざるをえなかった子どもや若者たちの物語に、真摯に耳を傾けようとする大人たちがどれほどいるだろうか。いま大人や社会システムが子どもや若者に吐きかける言葉は、「自己責任」や「自助努力」である。

経済・政治・文化の貧困、それに「関係の貧困」のなかで、不幸にもネガティヴな「わたしの物語」を紡いでこざるをえなかった子どもや若者にとって、まず何よりも「わたしの物語」に耳を傾けてくれて、「わたしの物語」をそのまま受けとめてくれる他者と出会わないと、負の物語をポジティヴな物語に反転するきっかけをつかむことができないのだ。

いま、「弱者」に対して執拗なイジメを繰り返している「イジメっ子」の少年や少女たちのなかにも、またなすすべもなくイジメられつづけている「イジメられっ子」たちのなかにも、そうした人たちがいることだろう。

〝グローバルな時代の競争社会に生き抜くための学力を子どもや若者たちに〟といった国家や巨大システムの教育の物語を、あたかも「みんなの教育の物語」であるかのように思い込ませながら、一人ひとりの子どもや若者の固有の「わたしの物語」を無化し押し潰し、彼ら／彼女らの生きることと学ぶことのエネルギーと希望を奪い取って久しいのが、僕たちの社会ではないか。

日本の学校（もちろん大学も）も企業もマスコミも家庭すらも、子ども・若者一人ひとりの「わたしの物語」を大切にせずに、じつは国家や巨大システムが押しつけてくる物語を「みんなの物語」であるかのように彼ら／彼女らに熱心に説いたり、強いたりしてきたのではないか。他者や世界とともに生きたいという人間的欲求や学びたいという欲求は、「わたしの物語」が他者や世界から受容されて初めて生まれるものである。そのことを深く考えずに、幻想に等しい「みんなの物語」だけを押しつけるから、日本の子どもたちや若者たちの多くが学びに背を向けるのだ。彼ら／彼女らの自尊感情や自己評価の低さも、それが大きな原因となっている。(5)

いま、日本の子どもや若者たちを苦境に追い込んでいる「関係の貧困」や「関係の危機」は尋常なものではない。社会的人間として生きていくかぎり誰もが不可避であるさまざまな「人生の危機」に対峙し、それを乗り越えていくためにかつて存在した文化装置（家族労働や共同体の役割や成年儀礼など）がほぼ完全に崩壊している現在、彼ら／彼女らは素っ裸で一人ひとり孤立したまま「人生の危機」に翻弄されている。

日頃、若者たちに接していて一番悲しいというか、もったいないなあと思うことは、自分のなかにある豊かな力（可能性）に気づかないということ、気づく回路を奪われているということである。「わたしの物語」（自分の物語）が大切にされず、幻想でしかない「みんなの物語」の渦に巻き込まれているからかもしれない。幻想が与えるのは「わたしの無力感」だけである。

こうした無力感や卑小感に耐えられなくなった若者たちのなかから、ネット上などにおいて匿名で、「みんなの物語」に堂々と抵抗する人たちや隣人やマイノリティなどを激しく攻撃する人たちが生まれている（これについては、本書第2章の3でも言及する）。

「わたし」のなかに眠っている力（可能性）は「他者や世界や自然の物語」と出会い、向きあって初めて「わたし」に感じられ、見えてくるものである。出会い・向きあい・交わりあう過程での、他者・世界・自然の受容や励ましの声や表情やインスピレーションのなかに、「わたしの力」が少しずつ見え、感じられてくる。鏡としての他者・世界・自然などに向きあわないと、自分の顔が見えてこないのである。

「わたしの力」に気づかせてくれる「他者や世界や自然」には、身近な隣人や旅先で出会った老人、性的マイノリティの友人、放射能汚染に苦しむ福島の子どもたちもいれば、被抑圧者たちの歴史（物語）もあれば、汚染された大地や森林や家畜たち……といった人間以外のものの場合もあるだろう。

遠山啓『かけがえのない、この自分』(太郎次郎社、一九七四年)、高木仁三郎『いま自然をどうみるか(新装版)』(白水社、二〇一一年、初版は一九八五年)、レイチェル・カーソン『センス・オブ・ワンダー』(上遠恵子訳、新潮社版、一九九六年)……などの、自然や他者との出会いの大切さを教えてくれる書物も「わたしの力」に気づかせてくれるかもしれない。

東北の里山の間伐に入って森や木々や地域の住民たちと出会い、「わたしの力」に気づかせてもらって、外の世界に開かれた「わたしの物語」をたくましく紡いでいる若者たちを、僕は知っている。

横浜の寿町《ことぶきちょう》という日雇い労働者や生活保護受給者の多い街で、三〇年近くも、たった一人で夜間の識字教室を開いてきた大沢敏郎(二〇〇八年病没)のことを、僕はいま思い出している。彼の識字のキーワードは「ちからにする」だった。

毎週金曜の夜に開かれる教室にやってくるさまざまな出自と経験をもつ学習者は、毎晩一枚の紙にそれぞれの「わたしの物語」を綴っていく。大沢が用意する作文のテーマは、仕事・母・郷里・手・学校……といった学習者の経験と深くつながったものが選ばれる。また、大沢がもってくるさまざまな詩人たちの「生活詩」を鑑賞したあとで、それぞれの感想を書く場合もある。字の間違いや上手下手など誰も問題にしない。書き終わるとそれぞれが順番に「わたしの物語」を教室のみんなの前で読みあげる。それぞれの「わたしの物語」をめぐっての話し合いがすむと、その夜の「授業」は終わりとなる。

あの教室はさまざまな他者の「わたしの物語」の分かちあいの場であり、それによる「わたしの物語」の、鶴見俊輔のいう「アンラーン」（学びほぐし）の場のようであった。つまり、「わたしの物語」と「他者の物語」の照らしあわせ、すりあわせの場であった。

屈折し捻じれた「わたしの物語」を紡いでこざるをえなかったことによって低い自尊感情しかもつことができないでいるさまざまな学習者たちが、一人ひとりの「わたしのちから」に気づいていく。

生きるちからにする／働くちからにする／考えるちからにする／自分以外の人のことを思うちからにする／勉強するちからにする／はねかえしていくちからにする／識字をやるちからにする／明日からの自分のちからにする

（横浜・寿識字学校だより『ちからにする』第二号より）

この識字教室のもう一つの特徴は、毎週金曜日の夜、暗い寿の街にやってきて、寄せ場の住民である無文字者（戦争、貧困、義務教育からのドロップアウトなどの理由で文字を奪われた

人たち）や、日本語を学ぶ暇もなく3K（きつい・きたない・きけん）の仕事に就いている外国人労働者たちと一緒に、「わたしの物語」を書いて発表し、大沢や無文字者の批評に身をさらす大学生たちの存在であった。

彼ら／彼女らは無文字者の「わたしの物語」に向きあうことによって、長い学校教育のなかで押し隠すことを強いられてきた、また風前の灯のように消えかかっている「わたしの物語」をあらためて振り返り見直し、彼ら／彼女らの「生きるちから」「自分以外の人のことを思うちから」「勉強するちから」……を自分のなかから引き出していった。

このあたりのことは、大沢敏郎が残した名著（『生きなおす、ことば——書くことのちから　横浜寿町から』太郎次郎社エディタス、二〇〇三年）を、どうか読んでいただきたい。

日本の学校教育は一人ひとりの「わたしの物語」を消し去ることに懸命だ。そして均質の「国家や巨大システム」が求める物語（さしずめ、きわめて排他的な「国際社会に通用する学力」などといった物語）をあたかも「みんなの物語」であるかのように子どもたちや保護者たちに押しつけることに一生懸命である。

市場経済中心の新自由主義政策のもとでの、家庭や職場やさまざまなセーフティーネットの崩壊、貧困や差別、肉親による虐待や育児放棄、また両親による過保護・過干渉……などで、屈折してしまいがちな「わたしの物語」に誰かから耳を傾けてもらい、受けとめてもらわないと学習意欲など生まれようのない子どもたちが続出している。日本の教育の世界で深刻な学力と学習意欲の二極分解が起こっているのは当然だろう。

一方で、一人ひとりの「わたしの物語」を紡ぐことも奨励されない、「他者の物語」など存在しないかのような教育によってつくりだされる「エリート」の高い〈学力〉と〈知〉もまた、大きな問題を孕んでいるだろう。

見えない放射性物質に苦しめられる現在と未来の膨大な数の子どもたちや農民や漁民の出現、大地や森や河川や海の途方もなく長期間にわたる汚染……などまったく「想定外」のこととして、原子炉の設計・製作・操作・販売にあたってきた超エリートたちの〈学力〉や〈知〉もまた「アンラーン」されなければならないだろう。

一人ひとりの固有の「わたしの物語」が無視され否定されるような社会では、エリートの「わたしの物語」もまた屈折せざるをえないのだ。

大沢敏郎のいう「自分以外の人のことを思うちから」とは、隣人はいうに及ばず、世界中のさまざまな他者や他の生命と出会い、向きあうことによってしか生まれようがないだろう。

原子力工学や遺伝子工学のような、恐ろしい「潜在的副作用」をかかえもつ超高度科学技術に携わるエリートこそが、まさに、子どもたち、障がい者、有機農業を志す農民、先住民族、水俣病に苦しむ漁民たち……などの「わたしの物語」（他者の物語）としっかりと出会い、他者や世界や自然に開かれたエリートとしての自らの「わたしの物語」を紡いでいかなければならないだろう。

国際社会が必要とする、国際社会に通用する、国境を越える、独立独歩の自立した〈学力〉や〈知〉は、そこにしか生まれようがない。

いずれにしても、個々の「わたしの物語」を無化し外界に閉じた「みんなの物語」の恐ろしさは、国家・産業界・学界・マスコミなどによって構成された「巨大システム社会の物語」を「みんなの物語」であるかのように国民・市民に錯覚させることによって引き起こされた「原発の安全神話・安心物語」の破滅的な結末に、僕たちがいま痛恨の思いで立ち会わざるをえないでいる現実に、如実に示されてはいないだろうか。

「他者の物語」と出会い、変わっていった学生たち

利光徹と出会い付き合っていく過程で、僕自身の「わたしの物語」と利光自身の「わたしの物語」のあいだに、最初は衝突や葛藤が起こった。淡い記憶だが、そのとき互いに投げあった言葉が「おれのことがわかってたまるか！」だったように思う。

一五年ほど前に初めて出会った頃の利光は四〇代とまだ若く、脳性マヒ者として苦難の人生を生きてきた彼自身の「わたしの物語」のプライオリティ（優先権）を、他者や世間に対して強く主張して生きていたように思う。

互いにめげずに交わりを続けていくうちに、これは利光の柔軟性によるところ大であるが、少しずつ相互の物語の「交換」と「分かちあい」が生まれてきた。お互いの「わたしの物語」のアンラーン（学びほぐし）である。

もっともこれは僕の側の一方的な思い込みであって、利光にしてみればお互いの物語の「分かちあい」だなんて、冗談も休み休み言え、ということになるかもしれない。

それでも言わせてもらえば、僕が利光徹の物語に耳を傾け、かかわるようになって、僕のまわりや近くに生きる「見えない隣人としてのマイノリティ」の物語が少しずつ見えだしてきた。

そして何よりも、毎日出会う学生たち一人ひとりの「わたしの物語」に耳を傾けることの大切さを痛感するようになった。学生たちは毎週の授業後に提出するコメントペーパーに、それぞれの「わたしの物語」をにじませた授業評を書いてくれるようになり、僕はそれらのなかの何分の一かの「物語」を縮小コピーして翌週の授業に配布する。受講生同士の「わたしの物語」の交換と分かちあいである。

一〇〇人、二〇〇人、またある場合には三〇〇人を超えるといった大教室ではあるが、さまざまに屈折した「わたしの物語」を秘めた若者たちが多い授業では、このコメントペーパー(実名にするか匿名にするかは本人の自由)を通じたそれぞれのかかえる物語の分かちあいは、受講生と教師の僕にとっての学びと「学びほぐし」(アンラーン)のために、きわめて重要であった。

隣人や友人のかかえる「わたしの物語」に耳を傾けることもまた、孤立しがちな若者たちにとっては、学びの重要なインセンティヴとなるのである。学生同士のあいだの、また学生と教師のあいだの信頼関係も「わたしの物語」の相互受容から生まれる。

さて、脳性マヒ者として困難に満ちた人生を生きてきた利光徹は、先に述べたように、彼自身の固有の「わたしの物語」に居直らなければ生きてこられなかった。換言すれば、「わたしの物語」が他者や社会によって踏みにじられ屈折させられ、それに抗することによって一人の人間として、一人の障がい者として生き抜いてきたということである。

その利光の強烈な「わたしの物語」に耳を傾けようと、さまざまな問題をかかえた(生きるとはさまざまな問題をかかえることであろう)若者たちが最初は介助者として近づいていく。

これは僕の推測だが、最初は自分の「わたしの物語」だけを介助者の若者たちに身体や言葉を通じて語りつづけていた利光はいつの頃からか、何があったかは利光本人に語ってもらうほかはないが、彼自身の何らかの経験と学びを経て、介助の若者たちの屈折した「わたしの物語」に熱心に耳を傾け、受容していくようになるのである。

それぞれの「わたしの物語」の分かちあいである。利光徹はこれを実践できる柔軟性と可塑性をもった、日本の障がい者運動の稀有な当事者活動家の一人ではないだろうか。

僕が出会った頃の利光はすでに、何らかの屈折した物語をかかえた若者たちを見抜く嗅覚のようなものをもっていたように思う。利光と出会ったこの一五年ほどのあいだに、僕は多くの若者たちが利光と出会い、利光の介助を通じて互いの「わたしの物語」を分かちあい、ときには衝突させあう光景を見てきた。

二つの異質な物語の衝突や分かちあいを繰り返していくなかで、内にこもりがちな若者の表情やしぐさに変化が起こる現場に、僕は何度も立ち会ってきた。

それは、利光と一対一の関係（介助関係、つまり移動・食事・入浴・排せつなどの世話……これらはいずれも並大抵の作業ではない）においてだけではなく、利光を媒介にして広がる異質な他者や世界との関係においてももたらされるものであった。もちろん、利光や利光を通じて出会う世界をも、極力避けようとする若者もけっして少なくない。

利光徹と出会い利光に受容され、ねじれ屈折し内に閉じがちな「わたしの物語」を他者や世界に向かって進んでいく力に変えて巣立っていった若者たちのいくつもの顔を、僕はいま思い出している。

利光徹のような他者（マイノリティ）を日常的に包摂しえないでいる大学というものが、何を喪失しているかも見えてくる。

（1）利光徹が僕のいくつかの授業で語ってくれたライフ・ヒストリーをまとめた「講義記録」より。利光が一〇代の頃、重い障がいをもった子どもを道連れにした親たちによる無理心中事件はけっして少ないものではなかった。世間の同情は殺された障がい者よりも、親たち、とりわけ母親に多く寄せられた。こうした世論に抗して「青い芝の会」の当事者（殺される側）の運動は広がっていった。

（2）「全国青い芝の会」は一九五七年、東京で結成、七三年に全国組織となる。福岡市在住の利光徹がその事務局長に就任するのは一九九八年の第一三回全国大会からである。一九七〇～七五年頃に確立される「青い芝の会」の有名な「行動綱領」（我らかく行動する）とは、次の五項目である。

一、我らは、自らが脳性マヒ者であることを自覚する。
一、我らは、強烈な自己主張を行なう。
一、我らは、愛と正義を否定する。
一、我らは、健全者文明を否定する。
一、我らは、問題解決の路を選ばない。

一九七〇年代、八〇年代の「青い芝の会」の激しい運動とその主張について知るには、川崎と横浜を基盤にした著名なリーダーの横田弘（一九三三年〜）の『否定されるいのちからの問い――脳性マヒ者として生きて　横田弘対談集』（現代書館、二〇〇四年）、横塚晃一（一九三五〜一九七八年）の『母よ！殺すな』（生活書院、二〇〇七年、初版は一九七五年）などがある。

（3）（1）に同じ「講義記録」より。

（4）「経験の胎盤」という言葉については、藤田省三「或る喪失の経験――隠れん坊の精神史」（『精神史的考察』平凡社ライブラリー、二〇〇三年所収、初出一九八一年）を参照。

（5）このあたりのことは、古荘純一『日本の子どもの自尊感情はなぜ低いのか――児童精神科医の現場報告』（光文社新書、二〇〇九年）参照。

＊――本稿は、二〇一一年一〇月二九日に行われた「アンラーン（学びほぐし）シリーズ第三回」（財団法人とよなか国際交流協会主催）の私の講演「見えない隣人・見えない世界に気づきあう。そして、見えないわたしの力に気づく」（それをリライトしたものが交流協会の榎井縁さんによって「共生のトポス」最終回として『解放教育』第五三二号、二〇一一年一二月号に掲載されている）と、拙稿「利光徹とアフリカを歩いて考えたこと」（『國學院大學教育学研究室紀要』第四六号、二〇一二年二月）をもとにして、構成しなおしたものである。

第2章◆見えない隣人としてのマイノリティ

1

教室のなかのマイノリティ

◆見えない隣人と出会う

見えない隣人たち

私たちには、出会っているのに見えない、見ようとしない隣人たちがいる。日頃目を合わせたり、挨拶を交わしたりしているのだが、その人たちの内面のつぶやきや叫びに、立ち止まって耳を傾けたりすることはまずない。

街のなかでも、路上でも、飲み屋やレストランでも、電車やバスのなかでも……、だいたい自分と同じような考え、同じような経験や出自の人たちが集まっていると、何気なく思いがちである。大学のキャンパスとてそれは変わらない。

「ホモって気持ち悪いよ」、「そんなにアイツラ（在日韓国・朝鮮人）日本に文句があるなら、さっさと国へ帰りゃいいんだよ」、「イジメられっ子だって問題よ。空気読めないんだから。ムカツク」、「イジメられたくなかったら、フツーにすればいいんだよ」、「ガイジンって、とくに黒人って、なんとなく怖くない？」、「リスカ（リストカット）の子って、カマッテチャンよ」、「ひきこもりなんて、甘ったれのぜいたく病さ」……。

教室で、廊下で、校庭で、学食で……、やさしい顔した学生たちが、隣に同性愛者も、在日コリアンも、留学生も、死にたくなるほどのイジメを受けてきた学友も、リストカットで苦しんでいる学生も、ひきこもり経験をもつ人も、まるで一人もいないかのように談笑しあっている。

私たちが忙しすぎたり、ずぼらだったり、過度のストレスをかかえていて自分のことで精一杯だったり……ということもあるだろうが、根本には、一人ひとりみんなが違うことへの、また、一人ひとりみんな自分の知らない固有の違う経験をもっていることへの、謙虚でヒューマンな認識の欠落がある。

他者（隣人）の固有な経験（歴史）、他者と自分の関係のありようについての、正しい認識に支えられた想像力と憐憫の情（ピチエ）と寛容（トレランス）の精神の欠如がある。

そしてそれは、何よりも、異質な他者との隔離や日常の意識的な配慮と向き合いの忌避によって生まれる。

ここまでくると、この現象が私たちの社会の歴史や文化のあり方、質の問題と深くかかわりあっていることがわかる。だから、それはひとり学生の問題ではなく、私たちの社会の政治家、ジャーナリスト、小・中・高校や大学の教員、評論家、外交官、ビジネスマン……も、みんなこの異質な他者への認識や想像力やトレランスの欠落をかかえているといっても、あながち間違っていないだろう。

「日本は単一民族国家である」(ある首相)、「自助努力しない人がフリーターや派遣(労働者)になるんだ」(ある評論家)、「母親が家を守らないで働きに出たりするから、子どもが不登校になったり、非行に走ったりするんです」(テレビの解説者)、「偏差値の低い学生を相手にしたくないね。連中は何も考えてないんだから」(どこかの大学教授)、「君が代を歌いたくないんだったら、日本人やめなさい」(ある県知事)、「夫が妻を殴ったからといって刑事罰なんてとんでもない。(欧米と日本の)文化の違いです」(ある国で裁判にかけられた外交官)、「外国籍の公務員が管理職になれないことは〈当然の法理〉です」(どこかの首長)、「障がいのある子どもは、障がい児のために設置された専用の学校・学級へどうぞ」(あちこちの教育委員会)、「戦火のイラクに勝手に出かけていって〈人質〉になるなんて、そんな若者には、〈自己責任〉をとらせるのが当然」（ある新聞記事や政治家の発言）……。

ところで、私たちの社会の見えない隣人たちは、社会的排除や差別の対象とされているだけではなく、私たちがあたりまえに享受しているさまざまな市民的・社会的権利を奪われている場合が多い。したがって、彼ら／彼女らが、市民社会の「マジョリティ」（多数者）に対して、「被差別少数者」であるという意味をこめて「マイノリティ」[1]と呼ばれるのはそのためである。

かくいう私自身もまた、同じ社会に生き、存分にその空気に慣れ親しんでくることによって、たくさんの見えない隣人たちの排除に荷担し、無意識に彼ら／彼女らを傷つけてきたことは間違いない。

かつて私が学んでいた大学から一〇分も行かないところにあった、日本海に面した砂浜の一隅に、市民社会から隔絶され寄り添うように立ち並んでいた無数の潰れかけた小屋の、色彩を欠いたような寒々とした集落が「朝鮮部落」だったということを、学生時代の私は知らなかった。

私には何も見えなかったし、見ようともしなかった。

総合講座「差別とアイデンティティ」

そんな私自身のためにも、また、こうした日本の情況に挑戦するためにもと意気込んで、勤務校の大幅なカリキュラム改革に合わせ、私は一九九三年以来、同僚の竹内常一、柴田保之の助力を得て、総合講座「差別とアイデンティティ」（最初は「差別と人権」という名称だった）を開講してきた。

多忙な竹内は時折顔を出して少年非行や学歴のない若年労働者に対する差別問題を論じてくれたが、障がいをもつ子どもや若者の研究に取り組んできた心理学者の柴田とは、開講以来二〇年近くも、毎時間一緒にやってきた。

これまで取り上げたテーマを順不同に列挙してみると、次のようになる。多くの場合、被差別マイノリティ当事者を教室に招いて、自由に語ってもらった。

・障がい（身体障がい、知的障がい、精神障がい）をもった人たちの問題
・優生思想
・ジェンダーとセクシュアリティ（同性愛と多様な性、性同一性障がい、売春と買春、セックスワーク、戦争と性など）

・不登校／登校拒否
・君が代強制問題
・在日／滞日外国人問題（在日韓国・朝鮮人、外国人労働者、政治難民）
・アイヌ（先住民族）
・黒人差別
・ニート／フリーター／ホームレス
・派遣／短期契約労働者
・夜間中学／非識字者
・中国「残留孤児」
・被差別部落
・水俣病
・巨大開発と環境破壊
・女性差別と漢字の成り立ち
・多重債務と格差
・リストカットなどの自傷行為
・化学物質過敏症

・イジメ
・子ども虐待
・ひきこもり
・巨大地震と原発事故災害
……などである。

ほとんど毎年のように取り上げてきたテーマは、障がい者問題、在日／滞日外国人問題、ジェンダーとセクシュアリティである。この二、三年は、虐待やひきこもりの問題は必ず取り上げた。それほど受講生の関心が高かったというわけである。

柴田は、日頃付き合っている知的障がいの青年学級の若者たちをたくさん講義に招いたり、重い障がいゆえに「文字のない子ども」と思われてきた子どもたちが、じつは文字をもっていることを証明する自らのホットな実践を報告するのが常だった[2]。

見えない隣人たち、つまり被差別当事者（マイノリティ）に教室に来てもらって、受講生と語り合いをする過程で、受講生たちのなかにもさまざまな問題をかかえながら、それを口に出したり、カミングアウトしたりすることができずに苦しんでいる人たちが多数いることに気づくようになった。

まさしく、見えないマイノリティ当事者が誰にも気づかれずに、差別におびえたまま、文字どおり隣にたたずんでいた。当然予測はついたはずなのに、最初は驚きだった。

そうした当事者が卒業後、あるいは在学中にゲスト・スピーカーとなって後輩の受講生たちに語りかけてくれるということが、毎年見られるようになるのは、ここ五、六年ほどである。卒業生（かつての受講生）が自分の職場で向きあっているマイノリティ当事者を教室に案内してくれて、学生たちと交流する機会をつくってくれたりもした。二〇年近くたつとそういうことも起こる。

この講座が少しでもリアリティをもって学生たちに受け入れられてきたとすれば、それは「差別をどうなくするか」とか「差別のない社会を」といった建前主義から出発せずに、「私たちの社会や関係は、家族から国家まで、誰かを排除・差別することによって成り立ってきたし、それはいまも変わらない」という現実認識を前提に、「差別としっかりと向きあえる関係を」「差別と堂々とたたかえる社会を」という方向を大切にしてきたからだろう。

これは、開講まもない頃のある学生の「僕はもの心つく頃から差別と向きあい、差別とたたかってくることによって、僕は僕自身になることができた。差別とのたたかいがなかったら、僕のアイデンティティは生まれず、僕は僕自身になれなかっただろう」という発言に多くを負っている。

次に、この講座を通じて私が出会い、向きあってきたたくさんの「見えないマイノリティ

〈隣人〉」たちのなかから、いまは少しは見えるようになった幾人かを選んで紹介してみたい[3]。なお、本書の第2章の3の論稿（「人間の〈差別〉を考える10のテーマ」）は、この講座で議論された内容を中心にまとめたものである。

教室のなかのマイノリティ1――セクシュアル・マイノリティ

Wはたいてい教室の後方の席に坐り、いつも私を睨みつけるようにしながら授業を聞いている学生だった。最初に出会ったのは、いまから一〇年近く前、彼が一年生のとき。何かをかかえている学生だな、という思いはあったが、それ以上のことは考えることはなかった。もちろん、まだ名前も知っていない。そのときの講義の中心的なテーマは「外国人差別と同化の思想」というものだった（これはあとで彼のレポートで思い出した）。

夏休みのレポートを課したとき、次のようなレポートを提出してきた学生がいた。教室のなかの「見えない隣人」からのメッセージだった。いつも私を睨みつけているようなあの青年からの「挑戦状」だ、と私はすぐに直感した。

――僕は、同性愛者、世間一般に言う「ホモ」だ。…（中略）…――

世の中が、同性愛者に対してどれだけ、冷たいのか、時がたつにつれて、僕は「何で同性愛者『なんか』に生まれてしまったんだろう」、そう思うようになっていた。

気がつけば、僕は自分を否定的に見るようになっていた。いや、ならされた、と言うべきかもしれない。

同性愛者は、この国では基本的に受け容れられていない。正しく言えば、存在すら知られていない。…（中略）…

異性愛者は、まさかすぐ隣に同性愛者がいるなんて、夢にも思わないだろう。僕自身だって、「目覚める」前はそうだった。

「ホモは笑いもの」として、僕も、あざ笑ってきた。

きっと、僕は何人かの同性愛者を傷つけてきたと思う。だって、統計からすれば、どんなに少なくとも一クラスには一人はいるはずだから……。

だけれど僕は、今まで、同じクラスの中で同性愛者に出会ったことがない。何故だろう？　…（中略）…僕自身もそうだし、ほとんどの同性愛者は、自分を異性愛者と偽って生きている。

何故なら、自分の性的指向を明らかにした瞬間、僕らは「攻撃」の対象となるからだ。

…（中略）…仮面の自分と真実の自分の境界に苦しみ、僕は一つ、失われる。…（中略）…

差別は、なくならない。そして、講義中にもあったように、僕は思う。

「差別は無くするものではなく、それと闘うものだ」

僕自身うまく言葉にできないけれど、感覚で、としか言えないのだけれど、すごくわかることだ。…（中略）…

少しずつ、自分というものと向きあう中で、僕は以前以上に、自分の中に大きな力が生まれるのを感じる。でも、僕はまだ寂しさを感じる。悲しさに震える。…（中略）…

そして、闘い続ける、それこそ、僕が生きていくということなのかもしれない。


彼と出会う二年ほど前に私は大学の外で、性的マイノリティとして生きている一人の青年に対して、無自覚に、取り返しのつかない「過ち」（差別）をおかしたことがあった。その青年の糾弾を受けることによって、私は初めてこの問題の重大さに気づき、それ以後のこの講義ではかならず「セクシュアル・マイノリティ」の問題を取り上げ、当事者をゲストに招いてきた。だが、その教室の私の目の前に実際に同性愛者の学生がいて、アイデンティティの葛藤に苦しみながらじっと坐りつづけているということについて、正直まだそれほど想像力がおよんでいなかった。情けないがそうだったのだ。

目の前の学生たちは一見屈託なく明るく振る舞っているように見えるが、じつは一人ひとりかかえきれないような問題を抱きながら、教師の目の前に坐っているのだということを、心底気づかせてくれたのがWだった。[4]

彼と出会って以来、私は毎年何人かの同性愛者（ゲイやレズビアン）、性同一性障がい者（身体の性と心の性が食い違い、なかには性別適合手術にまで進まないと精神のバランスが保てないという人もいる）、性同一性障がい者の恋人に寄り添って生きようとする学生、自分が男性とも女性とも感じられないという学生……、そのような多様な性の若者たちと教室で出会うこととなった。

卒業してからWも何度かゲストとして教壇に立ってくれたが、彼の授業のあとに何人もの受講生が「カミングアウト・コメント」を書くようになった。見えない隣人たちが、また一人、二人と姿を現してくる。

教室のなかのマイノリティ2――リストカッター

手首や腕、太股の内側、手の甲などにカッターナイフやカミソリなどで傷をつける自傷行為は、通常リストカットと呼ばれ、若者たち、とりわけ若い女性たちに広がっていることを私が知ったのは最近のことだ。ある中学校教師から、「何をいま頃」と苦笑されたものだった。

生育過程で何らかの問題をかかえ（誰もがそうだが）、日々の暮らしのなかで忍び寄る目に見えない正体不明の〈暴力〉や〈あつれき〉との対峙（たたかい）に疲れ果てたり、対峙の仕方がわからなかったりする若者たちが、自分の身体を傷つけることによって、「生のあかし」や「一人ぼっちではない」ことを確かめようとする自傷行為がリストカットではないかと、たくさんのリストカッターを取材した写真家の岡田敦が自著（『リストカット――誰か気づいてくれたら…』窓社、二〇〇四年）で書いていた。それに触発されて、私は二〇〇七年秋の講義でこの問題を取り上げることにした。

岡田はその年の七月に、『Ｉ　am』（赤々舎、二〇〇七年）という衝撃的なリストカッターたちの写真集を出版していた。その写真集に素顔と実名を公表していたＹを教室に招いて、若者をリストカットに突き動かすものについて語ってもらった。Ｙ自身はすでにリストカットをやめており、働きながら同世代の若者たちにリストカットの経験を語ったりしていた。

彼女が言葉を詰まらせながら話してくれたのは、リストカットは世間で考えられているような「死にたいから行う」行為ではなく、むしろ「自分が生きていることを確かめようとする」行為だということだった。彼女が受講生たちに願ったことは、まわりにリストカットをしている人がいたら、「まず、しっかりと受け入れ、耳を傾けてやってほしい」、というようなことだった。

授業の終わりに、Yの話に心揺すられて、自らのリストカット経験やイジメに遭い死を見つめていたという体験を語ってくれた学生たちに向かってYが叫んだのは、「とにかく生きるの！」という言葉だった。

その日の授業で二人の女子学生がリストカット体験を語ってくれたのだが、一人はまだ「現在進行形」でやめられないでいると言い、もう一人は大切な肉親の自死に直面してからリストカットをするようになったと語ってくれた。（その教室にはもう一人のリストカット経験者が発言することなく坐っていたようだ。これは、授業後に提出してもらうコメントペーパーでわかった。）

九〇人ほどの授業で三人のリストカット経験者。これを多いと見るか少ないと見るか。リストカットに似た自傷行為（拒食症、シンナーや薬物依存症、アルコール依存症、ネット中毒症等々）の経験者、それにイジメや虐待／性的虐待などのトラウマをかかえている若者たちを加えたら、どれほどの数になるだろうか。

こんな身近にも、人知れず苦しみもがいている「見えない隣人」たちがいる。そうした隣人の一人でリストカット経験者のＪ（女子学生）の手記の一部分を、Ｊの了解を得て紹介する。

私のきっかけはストレスだったかもしれないが、いつの間にか行うようになっており、習慣化していった。無意識のうちにやっている場合もあるし、リストカットを行ったときの記憶が抜け落ちている場合もある。…（中略）…「死にたい」わけではない。ただ、この生きることとの意味が見いだせない現実を「生き続ける」ために私はこの《死》に隣接する行為がどうしても必要なのである。

しかし、私にもやめようという意識はある。むしろ、やりたくないという気持ちもある。それでもやってしまう。…（中略）…

自分自身を傷つけてしまう自分、大切な人を心配させてしまう自分、自傷行為を行わないと生活できない自分、それらを一番嫌い、悲しみ、差別しているのはやっぱり自分自身ではないだろうか。

このどうしようもなく低い自尊心や自己への思いやりをどうやって高くしていけばいいのかはまだ私にはわからない。…（中略）…どんな方法であれ、この問題には自己を変えていく必要があるように感じる。自分では何も動かずに、ただ差別された、偏見を受けたと泣き寝入りすることや、無抵抗の被害者ぶるのはどちらも私の性に合わないような気がする。…（後略）…

その同じJが別の日に、読んでみてくださいと研究室に置いていったルーズリーフに、緑のインクで乱れた文字で記されていた文章のある部分を紹介してみたい（横書きを縦書きに変えて引用）。

ここは暗くて寒い
寒い　暗い　怖い

血が出る
あったかい
生きている
まだ死ねない
血の味
生きてるんだ

誰も傷つけたくない
誰にも嫌われたくない
誰にも触れられたくない
誰とも仲良くなりたくない
誰にも知られたくない
誰にも中に入ってもらいたくない
誰も失いたくない
誰か助けて

世界には人はたくさんいるけれど

みんな一人だ

普通の人ができることが
どうして私にはできないのか
ダメな人間だなー

半そで着たいけど着れない！

私は嫌な子
私は悪い子
私は汚い子
私は醜い子
だからおしおき

教室のなかのマイノリティ3――在日韓国・朝鮮人

身近にいながら多くの人たち（マジョリティ）には「見えない存在」のことを私が最初に意識するようになったのは、おそらく在日韓国・朝鮮の人たちのことではなかったかと思う。前述のように、北国生まれの私は大学を卒業して上京するまで、在日韓国・朝鮮人と出会っていながら、向きあうことなく過ごした。在日朝鮮人の北朝鮮への帰国船が出港したのは、私が大学時代を過ごした街の港からだった。

上京してある大学院に進んだとき、同じ研究室のUが、ただ在日韓国人だという理由で、いつも公安警察の監視下に置かれていることを知った。彼が貧血でキャンパス内の植え込みに倒れ込んで気を失いかけたとき、助け起こし研究室に運ぼうとした学友や職員に向かって、Uは「なんでみんな、僕をマークするんですか」と朦朧とした意識のなかで叫んだということを友人から聞いて、私は愕然としたことがあった。

一九六〇年代の後半、当時の在日の学生や院生は、何一つ犯罪行為をおかしていなくても、常時日本の公安警察によってマークされていたのである。しかし、そういう事実は日本の学生多数にはまったく見えなかったし、見えていても関心を示す人は少なかった。

『見えない朝鮮人』とか『見えない民族』といったようなタイトルの書物が、その出来事のしばらく後に刊行されだしたように記憶している。

じつは同じ頃、初めて被差別部落の問題にも遭遇する。それは上京して入った市民サークルで知り合った友人のHが、かつての被差別部落の出身ゆえに結婚できないかもしれないという出来事だった。これはHの奮闘でめでたく結婚にこぎつけるのだが、私には初めての経験だった。

さて、教室のなかのマイノリティ（見えない韓国・朝鮮人）のことだが、ここでは何年か前に授業で出会った印象深いＭ（女子学生）とＫ（男子学生）のことを語ろう。二人とも日本名を名乗っていたので、最初は日本国籍ではないことがわからなかった。「差別とアイデンティティ」や当時私が担当していた社会科教育法などの授業で、二人とも自分の出自と経験を「気楽に」（私にはそう見えた）語ってくれていた。しかし、その場に居合わせなかった多くの友人たちは何も知らずに別れていったことと思う。

二人とも在日三世だが、そのことで被差別の経験はほとんどないと言い、パターン化された「苦渋に満ちた在日」のイメージを嫌っていた。いわゆる「パッチギ」世代である。しかし、言葉のはしばしに在日であることによって強いられる被差別の翳りがよどんでいたという記憶が、私にはある。

社会科教育法の授業で、Ｍは模擬授業を引き受けてくれた。その授業でＭは従軍慰安婦問題をテーマに取り上げた。そのときの彼女は大方の予想を裏切るように、「慰安婦」そのものを取り上げずに、「慰安所」をつくりださざるをえなかった日本軍隊の内実と構造、そのなかに置かれた兵士たちの非人間的な状況に光を当てようとするものだった。

そのＭは、中学・高校の社会科の教員免許状を取得して卒業した。だが、Ｍは教員採用試験にパスしても、日本の法律によって日本国籍でなければ講師止まりで、正教諭になることも、管理職になることもできないことを知っていた。卒業後、Ｍはこう語っている。

私は選挙権がないので、投票することができません。だから、教職を取ったのは、「自分なりに投票を行う」ような行為でした。教職を取れば先生の資格をもつ韓国人が一人増えることになる。教職（志望の——引用者）韓国人（の比率）が少しでも高くなれば、「これだけ先生になりたい（在日）韓国人がいるのか」ということで、学校の先生になりたい韓国人の就職率が、ほんの少し上がる手助けになればいいと考えたのです。

（二〇〇四年一一月、A学院女子短大で学生へむけたMのスピーチより）

また、二〇歳過ぎて一度も、国政選挙も地方選挙も経験したことのない在日学生のKは、少し年上の日本人の友人でクリスチャンのAと相談しあって、衆議院や参議院の選挙のたびに、自分の選挙区の各候補者に外国人問題や従軍慰安婦問題についての質問状を送っている。その回答の結果を見てKはAと話し合い、自分の思いを日本人のAの一票に託しているという。

Kはこの話を「差別とアイデンティティ」の授業で、Aと二人で語ってくれた。日本人学生には付与されていて、在日の学友には与えられていない選挙権の問題は、参政権などにはあまり関心をもっていない日本人の学生たちには、かなり衝激的だったようである。

納税の義務などを果たしながら、何代にもわたって居住する外国人住民に対して、地方選挙権すら認めていない国は、いわゆる「先進」工業国では日本くらいのものである。隣国の韓国では、外国人住民に対して地方自治への参政権（住民投票・地方選挙）を最近認めるようになった（外国人人権法連絡会編『外国人・民族的マイノリティ人権白書』明石書店、二〇〇七年）。

そのKは公務員志望だったが、厳しい国籍条項による制限（差別）に気をそがれたか、卒業後は国籍条項に縛られることのない私立学校の教師になった。

学生時代から陽気だったMは、生まれ故郷に近い町で日本人と結婚して二人の子どもの子育てにいそしんでいるようである。彼女は先に引いたA学院女子短大に招かれてのスピーチで、「マジョリティは幻想ですよ」と若い学生たちに語りながら、こんな話もしている。

私たちは全員、一人ひとり「マイノリティ同士である」とも考えているし、私の所属している「マイノリティ」のカテゴリーは、まだ光に照らされている部分が多いから、その光に対してラッキーだと思えるときもある。だから他のマイノリティの方々にも、なるべく光を浴びるほうを向いて進んでいってほしいなあと思うし、自分のことを「マジョリティ」だと思っている方々にも、自分の後ろにできる影に気をとめてほしいです。

影を意識することで、いまの自分のいる場所の明るさを大切に思えて有意義に人生を過ごせると思うから。そうして活き活きと生きていくことで世界に光をどんどん広げてほしいのです。

在日一世・二世の語る被差別体験は身も凍るようなものが多いが、三世ともなるとMやKのように一見あっけらかんとしたものが多い。(5) しかし、公務員への就職規制（差別）や地方参政権からの排除、朝鮮高校の高校無償化からの排除など、見えない制度が張りめぐらされている。最近では、市民団体を名乗る「在特会」（在日特権を許さない市民の会）のデモが、「在日韓国・朝鮮人の特権を許してはならない！　トットト祖国へ帰れ！」などと、各地のコリアンタウンに押しかけている。私の授業でも、「創氏改名」の強制などはウソだ、朝鮮人が自分で選んだのだ……、などと発言する学生たちが出始めている。事実認識の問題もさることながら、他民族に植民地化される（他民族を植民地化する）ということへの歴史的・人間的想像力の欠如である。

いま始まっている領土問題をめぐる韓国と日本、中国と日本の国家間のきな臭い醜悪な抗争にもっとも心痛めているのは、日本で生まれ日本に育った在日の韓国・朝鮮人や中国人の、私たちの隣人たちであろう。

私の隣人――ある難民家族

「教室のなかのマイノリティ」というタイトルからはずれるが、私の隣人の外国人労働者であるSのことを語ろう。

バングラデシュからの政治難民であるS一家は、私の家から自転車で二五分ほど行ったところの、Y市の工場街に近い下町の民間アパートで暮らしている。Sは現在四四歳、小さな下請工場で自動車部品をつくる仕事に就いている。会社が必要なときだけの臨時就労で、いつ解雇されるかわからない。

いま不景気で残業がなく、一か月の給料は二〇万円にも満たないほど。その給料で、奥さん（三二歳、同じ郷里出身）と保育園に通う五歳の娘さんとの三人暮らしは楽ではない。奥さんは、昨年まで近所の食品加工の店でパートとして働いていた。その頃は、少しばかり暮らしに余裕があった。現在は、不況で奥さんは解雇されてしまい無職。Sは前述のようにときどき仕事が途切れる。しばしば赤貧洗うがごとき暮らしになるが、南方系の三人はきわめて明るい。

どうして、他人の家計状況をこんなに知っているかというと、日本語の読み書きに不便な二人に頼まれて、年に何回か県営住宅と市営住宅の申込書を書かされるからである。そこには収入欄があって、Sから給与明細を借りて収入欄を書き込むたびに、こちらの胸が詰まってしまいそうになる。もう一〇回以上も出しているが当たらない。民間アパートに支払う月五万円の家賃が生活を圧迫している。

Sはバングラデシュの、インドとミャンマーの国境に接するチッタゴン丘陵地帯（CHT）

の先住民族であるジュマ民族の出身だ。ジュマは古くから丘陵地帯の焼き畑農業に従事してきた民族である。バングラデシュではごくごく少数のモンゴロイド系の仏教徒である。

政治の変化による治安の悪化で、Sが一九九一年六月に日本に逃れてきてから二一年になる。入国して一〇年近く、難民申請をしては却下され、それに対する異議申し立て、さらには難民認定を求める裁判などを起こしながら、発泡スチロール工場（千葉県）、レストランバー（東京・池袋）、居酒屋（東京・飯田橋）、印刷工場（東京・赤羽）などで朝から晩まで死に物狂いで働いてきた。

二〇〇〇年に神奈川県の私の街の近くに引っ越してきて、自動車関連の工場で働くようになる。日本語を聞いたり話したりする力は職場で身につけたが、読み書きを学ぶ時間的な余裕はなかった。したがって、市役所・税務署などからの通知やそれへの返事や、公営住宅の申込書などを読んだり書いたりすることはほとんどできない。

日本語オンリーのこの国で、それがどんなにハンディになるか、Sとかかわってみて私は初めて知った。日本語の読み書きが不十分だと、3K（きつい・きたない・きけん）の肉体労働以外の仕事を見つけることは、まず不可能である。いま、失職中の奥さんが一生懸命になってボランティアによる日本語教室に通っている。

Sとたまに、入国管理局、市役所、ハローワーク、求人先の会社、住宅供給公社などへ一緒に行くことがあるが、日本語の読み書きの問題もさることながら、日本の社会がいかに外国人市民にとって不寛容であるかということに思い致らざるをえない。自治体によってもかなりの違いがあるのだが。

国際都市を売り物にしているわりに、Sの住むY市には日本語に不自由な外国人に対する施策はほとんどないに等しい。二〇一二年の統計で人口四〇万ほどのこの市には、四万七〇〇〇人ほどの外国人登録をした市民が住んでいる。外国人登録をしない、いわゆるオーヴァー・ステイの外国人市民もけっこういるはずである。保育園の入所募集、子どもの就学通知、予防接種通知、児童手当通知……などなど、みんなどうやっているのだろう。

Sがすごいのは、こんなに大変な思いをして日本で難民生活をしているにもかかわらず、同じように迫害を受けて日本へ脱出してきた同じ郷里（CHT）の友人たちと一緒に小さな組織（ジュマ・ピープルズ・ネットワーク・ジャパン：JPNJ）をつくり、活動を続けていることだ。

バングラデシュ政府によって迫害されつづけている郷里の同胞（ジュマ民族）の生命と権利を守るたたかいにつながる活動を、もう一〇年以上も日本で続けている。東京のバングラデシュ大使館にデモをしたり、集会を開いたり、機関紙を発行したり、ジュマ民族の正月を祝う祭り（ボイサビ）をやったりしている。

Sは現在、そのJPNJの代表を務めている。そして、裁判闘争を経て、Sは二〇〇二年に日本政府から「特別在留許可」を得て、二〇〇九年に「一般永住」の権利を獲得した。

さて、Sが難民になって日本へ逃れてこざるをえなかったバングラデシュのCHTの状況について若干触れておこう。バングラデシュ（「ベンガル人の国」の意）は、一九七一年にパキスタンから分離独立したイスラム国家である。一四万四〇〇〇平方キロ（日本の面積の三八％）ほどの小さな国土に一億八〇〇〇万人ほどが住み、その大部分が平地に住むイスラム教徒の貧しいベンガル人である。

Sたちのジュマ民族は、先に少し触れたようにミャンマー寄りの丘陵地帯CHTに定住してきたモンゴロイド系の農耕民族で、仏教徒が大部分である。

一九七〇年代後半から始まる、バングラデシュ政府による、平地の貧しいイスラム教徒のベンガル人をCHTへ大量に入植させようとする政策（四〇万人入植計画）によって、CHTの平安が乱されるようになった。ベンガル人入植者に土地を奪われたり、それを後押しする軍隊や警察に殺害されたり、国外への脱出を余儀なくされたりするジュマ民族が続出する。

現在、故郷の丘陵地帯に住むジュマ民族は六〇万人ほどに減少している。入植民のベンガル人の数がもうじき先住民族を呑み込みそうな状況だ。

Sの一家も土地を奪われ、Sの兄や叔父は殺された。S自身も拷問を体験している。高校時代から丘陵学生会議（ＨＳＣ）で人権活動にかかわっていたＳは、チッタゴン大学政治科学部に在学中、治安当局による逮捕・拷問を逃れるために仏教僧になって、タイの寺院に逃げ込んだ。

そこから、人に勧められて日本に亡命。「日本は第一世界に属する仏教国だったので、受け入れてもらえると思って」日本を選んだのだ、とＳが語ってくれたことがあった。

ところが日本は、Ｇ７（主要七か国）のなかでも難民受け入れのもっとも少ない国だった。Ｓが日本に入国する前後の一九八九年から九七年までは、毎年一人か二人が難民として認定されるだけだった（九三年のみ六人認定）。

Ｓが難民認定される二〇〇二年で一四人（その年の申請者二五〇人）である。Ｓはそれまで一〇年間も入管センターへの強制収容や国外追放におびえながら、定期的に入国管理局や居住地の警察署に出頭しなければならなかった。

日本が難民受け入れの国際条約（難民条約）に加入した翌年（一九八二年）から二〇一一年までの三〇年間に認定された難民は、なんと五九六人にすぎない（申請者はその三〇年間で、一万一七五四人）。難民認定は却下されたが人道上の理由により在留資格を与えられた人が一九九四人、という数字である。

ちなみに、日本が四六人の難民認定をした二〇〇五年の各国の難民認定のデータを見ると、フランスが二万二一四五人、アメリカは一万九七六六人、カナダは一万二〇六一人、イギリスは八四三五人、ドイツは二四六四人……といった具合である。

日本は他国に比しはるかに少数の難民しか受け入れていないうえに、難民申請者には法的地位はまったく与えられず、在留資格のない不法滞在者扱いである。受け入れた少数難民が日本にうまく適応でき、人間らしい生活が送れるように保護・援助するシステムは、日本語教育支援・職業相談・生活ガイダンスなどを行う外務省の外郭団体である財団法人アジア福祉教育財団・難民事業本部（ＲＨＱ）によって取り組まれているようだが、Ｓはその団体の存在すら知らなかったし、知ったとしても援助を受ける経済的・時間的ゆとりすらなかったようである。

とりあえず、隣に住む私たち日本の隣人が手を貸すほかはない。しかし私たちにはこうした難民や外国人労働者の隣人の姿はなかなか見えないし、見えても向きあうチャンスがなかなかない。私がバングラデシュ先住民族のＳとその家族を知るようになったのは、ほとんど偶然に近い。一〇年以上前から、毎年インドの先住民族の村に学生たちとスタディツアーをするようになり、アジアの先住民族の問題に関心をもっていたからである。ある年にインドの先住民族の村から帰国してみたら、すぐ近くにバングラデシュからの先住民族の難民が暮らしていて、日本での暮らしがなかなか大変なのを知るようになった。

Ｓや友人のジュマの人たちを大学の講義に招いたり、日本の先住民族のアイヌと会ってもらったりしているうちに深い付き合いになった。Ｓ一家は日本社会のなかでは、ごく少数の日本人とのかかわりを除けば、まだ孤立している。

日本には難民認定された外国人は少ないが、七〇万人近い外国人労働者が暮らしている。非正規の「不法就労」の人たちを加えたら、ゆうに一〇〇万人を超える外国人労働者が私たちの地域に隣人として暮らしている。

二〇一二年七月から外国人登録制度が廃止され、新たな在留管理制度が始まった。中長期在留外国人であるＳには「在留カード」が交付され、日本人同様「住民票」が作成されるようになった。しかし、Ｓの行く市役所の窓口には、英語であれなんであれ、外国語によるサーヴィスはいっさいない。

近代国家（国民国家）というものがそれほど長い歴史をもったものではないということは、やがて私たちは国家という枠で暮らすことから自由になっていくだろうということだ。いま、私たちの隣で暮らしている難民や外国人労働者や外国籍の特別永住者……といった人たちは、近現代国家の軋轢や不平等から生まれた人たちである。日本国家によって植民地化された民族とその子孫たちが多い。

既存の国家の市民・国民に対する支配・拘束の枠組みを広げ、私たちが国境を越えて支えあい共存しあうグローバルな市民に近づいていくために、この隣人たちはとても大切な人たちである。国境を越えて商品や文化が行きかう時代、人間だけを一つの国家にとどめおくことは不可能であろう。

（1）元来マイノリティという概念は、国際人権法で積極的な保護の対象とすべきエスニック・マイノリティ（民族的少数者）に対して適用されてきたものであった。それが、アメリカ合衆国や日本ではマイノリティ概念の拡散現象が起こって、差別・偏見にさらされてきた少数者（同性愛者、黒人、ヒスパニック系、被差別部落の人たち、在日韓国・朝鮮人、アイヌ、外国人労働者、旧ハンセン病患者、障がい者、女性など）を包括する概念として使われるようになってきた（岩間暁子、ユ・ヒョヂョン編著『マイノリティとは何か――概念と政策の比較社会学』ミネルヴァ書房、二〇〇七年）。

（2）この柴田の積年の実践研究は、衝撃的な作品『みんな言葉を持っていた――障害の重い人たちの心の世界』（オクムラ書店、二〇一二年）として結実した。

（3）なお、マイノリティ（少数者）、マジョリティ（多数者）は、けっして固定したものではない。この不平等社会（世界）の日常生活ではマイノリティとマジョリティはつねに置換可能である。Xはある場合にはマイノリティとみなされるが、別の場合にはマジョリティとなる。時として、Xがマイノリティとマジョリティの二つの要素を同時にかかえる場合だって起こる。その意味では、マジョリティもマイノリティも人間社会や国家がつくりだす共同幻想であるといってもいいかもしれない。

しかし、現実の法的・制度的排除や差別は幻想などではない。マイノリティ―マジョリティの関係論についてはここでは触れないが、上野千鶴子「複合差別論」（井上俊ほか編『差別と共生の社会学』岩波講座・現代社会学15所収、岩波書店、一九九六年）などを参照されたい。

（4）Wとはその後、ある出版社に請われてWのカミングアウト当時のことを振り返りながら往復書簡を交わしあうことになり、それがRYOJI＋砂川秀樹編『カミングアウト・レターズ――子どもと親、生徒と教師の往復書簡』（太郎次郎社エディタス、二〇〇七年）に掲載された。本書次節（第2章の2）に再録。

（5）MとKについては、拙稿「不寛容な時代に生きる――渡辺一夫のルネサンス研究に学びながら」（『國學院大學教育学研究室紀要』第三九号、二〇〇四年度版）参照。

＊――本稿は、拙稿「見えない隣人としてのマイノリティ」（『國學院雑誌』第一一〇巻第一号、二〇〇九年）のなかの「教室の中のマイノリティ――脳性マヒ者」の部分を省いて、新たに「私の隣人――ある難民家族」を付け加えたものである。なお、旧稿にも若干加筆・修正を施した。

2

当事者であることを選ぶということ

◆カミングアウトをめぐる往復書簡

K先生へ

拝啓

お元気でいらっしゃいますでしょうか？

先生と出会ってから、もう六年にもなるのですね。

本当に月日が経つのは早いものです。

でもその間に何が変わり、何が変わらないのでしょう？

六年前のちょうどいまと同じ春、ぼくは大学一年生で、先生の講義を受けていたのです。

あの、当時の古びたキャンパスの古びた椅子に坐って（それも後ろのほうでした）、ぼくはそこで先生と出会ったのです。

そして夏が来て、過ぎて、あれはその講義の前期分のものでしたね、ぼくが書いた非常に拙《つたな》いレポートのなかで、ぼくは同性愛を軸としてマイノリティについて述べました。そのなかで、ぼくは先生にカミングアウトしたのですね。

そう、カミングアウトしたのです。

それからこの六年間の歳月を経て、こうして機会あって、ぼくはそのことを、ぼくのカミングアウトを振り返ることとなりました。

ぼくは先生になぜカミングアウトをしたのでしょう？

ぼくはあのレポートで、本当は何を書きたかったのでしょう？

あのときのレポートを見返さなくても、そこに書いたこと、言いたかったことは鮮明に覚えています。

出だしはたしか、こうだったと思います。

ぼくは、同性愛者だ。

……すべてはこの一言です。

この一言を口にすることが、あるいはそれを自分にさえ向かって言うことがどれだけ深い意義のあることなのでしょうか。

ぼくは高校一年生の頃に自分が同性愛者であると知り、そして大学一年生のその当時まで、「相手がゲイであると確証がもてたとき以外」には、カミングアウトをしたことがありませんでした（でもそもそもそれはカミングアウトとは呼べませんよね）。

先生のあの講義では、まさにマイノリティそのものがテーマで、しかもセクシュアル・マイノリティについてもちゃんと扱っている!!　だとすればそのなかで、たとえレポートという間接的で、どこか閉鎖的な（少なくともぼくにとってはそうでした）かたちであれ、先生にカミングアウトするのは、じつはそんなに難しいことではなかった。だって、「先生に受け入れられるだろうことは間違いがなかった」のですから。

そのときと前後して、ぼくは「何人かのゲイではない人」にカミングアウトしました。うまくいくこともありましたが、やはり失敗することもありました。

ぼくはそのときの気持ちをこんなふうに書いたはずです。

ぼくの問題はなにひとつ終わっちゃいない、

〝おおカミングアウトされた、そうか、きみがゲイであることはオーケイだ、さぁ気分すっきりだ、ねぇところでもう次へ行こうよ、お腹が空いた。〟

そういう態度はぼくにはたまらなく不快だ、そんなことで終わらせられたくはないんだ。

よく言われることですが、カミングアウトは、たんなる告白ではありません。突然のびっくりするような強風で片付けられるものではありません。された側とした側が、そこからさらに新しい関係を築くことが、最終的な目的だと思うのです。互いの存在そのものが響きあうことなのです。

まぁ、これってちょっとぼくのお得意の堅苦しい言い回しですけれど、とにかく、それはよくよく考えればわかることなのです。

すべての深い告白は多くの場合、相手との相互理解を求めるための切実な声です。そうでなければ、なんの意味があるでしょうか。

ところが、カミングアウトしたことを、まるでなかったことにするとまで言わずとも、どうしてだか、そこから関係性が築けなくなってしまうことがあるのです。そういう人びとがいるのです。

彼らは、前向きで非常に肯定的です。とてもポジティヴです。バッシングの言葉は口にしません。でも、ぼくのカミングアウトはある日気づくと、彼らの過去のささやかな、そしていささか珍妙な記憶へと変化していくのではないでしょうか。あくまで、過去の体験談として。

ぼくはそれを知ったときに、再びクローゼットに戻っていくかもしれません。せっかく出てきた押し入れのなかで、彼らに対して深いため息をつくかもしれません。

でもこれだけは確認しておきたいのですが、だからといって彼らを責めるというのでもありません。ただ単純な問題です。それはとても悲しく寂しいことなのです。ぼくをすり減らしてしまいます。

そしてぼくはそんなクローゼットのなかで、表通りを、五月のような陽光に祝福を受けて外を歩く人びとを、ひっそりと見つめ、ため息をつき、あるいは妬《ねた》んで、憎みさえして、そこで生きていきたいわけじゃないんだ、ということです。(もっとも当時ぼくは、ほとんどが暗い言葉に満ちた告白ばかりを行っていたようにも思えますが。)

そうでないために、あるいは目の前の友に対して、どれだけ誠実で、しかし自然に話ができるか、この人にならば理解してほしいということです。

ぼくがあのレポートのなかで書いていたことの大半は、ここから発せられるエネルギーによるものだったと思います。

ただし、すべてのカミングアウトが、こうして切実な願いのもとに行われるとは限らず、どちらが正しいともいえないのですから、そのあたりは難しいところでもあるでしょう、ぼくのカミングアウトは、すべての人のカミングアウトの代表例ではありません。

ただ、これは同時にやはり典型例なのです。

さて、そこで先生との場合です。

ぼくが先生にカミングアウトをした理由をと考えるならば、もしかしたら少し事情が違うのかもしれません。なぜなら、当時のぼくにはいまのように関係性がどうのなどという考えは、正直あまりありませんでした。とりわけ、先生との場合は、です。

だいいちとにかくぼくはただ、同性愛者であり、まずそれ以上でもそれ以下でもないのです。そしてマイノリティ性がテーマであるあの講義のなかで、そのことをただ自然な必要として、当然の流れとして告白しただけにすぎないと思います。

ちょっとドキドキはしたけれど、好きな作家の好きな本の名前をそっと耳元で囁《ささや》くのと同じくらい、多少特別な、でも自然なことだったのです。

強烈な自己主張をねじ曲げて文章に叩きつけたようなあのレポートは、大半が先ほど述べたようなエネルギー（怒りともいえるでしょう）によるものですが、ぼくが先生にカミングアウトしたことそのものは、まったくベクトルが違います。

そうなると、先生に対してのカミングアウトそのものは、先ほど述べたような、あるいはレポートで記述したような切実さとはまた違う種の、とてもささやかで、穏やかなものでもありました。ある場合には訪れるであろう波乱への不安などは、このときばかりは微塵《みじん》も感じられませんでした。

もしかしたら、それはとても大きく意義のあることだったのでしょう。そして、こういうかたち（つまり自然で穏やかな、ということですね）でのカミングアウトが実現することの素晴らしさを、ぼくはそのとき味わっていたのかもしれません。

「素敵なレポートをありがとう」

……ぼくはそのレポートを出したあとに、先生がぼくに、そうやって声をかけてくれたことをいまでも覚えています。

そのときの気持ちは鮮明なようで、でもぼんやりとしています。肝心の瞬間なのに、鮮明なはずなのに、なんだかぼやけているのです。でもきっと、そのときぼくは喜びのあまり飛び跳ねたいほどの気持ちになっていたのでしょう!!

さて、ここでひとつ、ぼくがまだわからないことについて、書くこととします。

半年ほど前に、先生の研究室で、学生たちとともにお話をしたときに、ぼくは先生のことを、恩師と呼びました。そしてそのとき先生は、反対にぼくのほうも恩師なのだとおっしゃいました。

恩師？　ぼくが？

じつはぼくにはその言葉の意味がよくわかるようで、いまだに掴《つか》めない部分があるのです。つまり、先生にとって、ぼくのカミングアウトはそんなに意味のあることだったのか？　ということです。

ぼくのカミングアウトがあまりにスムーズで穏やかに終わったものだから、ぼくの側には本当、実感がないのです。逆の立場があまりわからないのです。そして、先生はぼくが同性愛者であることと知ってぼくと接することに、他の人と何か違いがあるのかさえわかりません。先生がぼくに対して多少なりとも戸惑っていたのかどうか、それすらもわからないのです。ぼくのほうは気にならない、気にしなかったと言ってもいいです。

ただ、少なくともこれほどまでに自然にあるのならば、カミングアウトそのものも、あるいは同性愛者として生きることさえも、なんの苦労もないのかもしれませんが……。

（本当に、ぼくにとっては春の穏やかな訪れそのもののように感じられたのです、ぼくがぼくのことを明かして、それでも普通に話せ、通じあえるのなら、それはまさに表通りで、他の人びとのように、ぼくも太陽の光を存分に浴びられるということなのです。)

先生は本当は、ぼくのカミングアウトを受けて、どういう気持ちだったのでしょうか?

これがぼくの、わからないことです。

この六年間で変わったことはなんでしょうか。

ぼくと先生の関係でしょうか。

ぼくはもう大学を卒業して、二五歳になりました。ぼくは、どう転んでももう一九歳ではないのです。

その間に、尖《とが》ったものは丸くなり、転がる石であれ苔は生え、物事の見方や好みなどは変化していきます。誰にだって、いくつかの重大な変化が起きるものです。ぼくだって例外ではないのです。

だけれども、カミングアウトということについて考えるたびに、ぼくはまた六年前の大学一年生の当時を思い出し、そこでさまざまな人びととのあいだに起きたこと、そのときの気持ちを鮮明に思い出します。まるで、昨日どころか、いま目の前で起きている出来事として。

ぼくにはそれを、無記名の新聞記事を読み何もなかったように処理する、なんてことは不可能です。次の日にはそれが風に飛ばされて知らないどこかへ勝手に消えていくものではないのです。

そうです、「ぼくはいまだにどこへ行っても同性愛者として生きるうえで、おかしな具合で、異性愛者の友達にもカミングアウトを滅多にできず、家族にもカミングアウトをしてなどいない（そしてできない）」のです。

これがぼくの現状です。

これはぼくの勇気や運／不運という問題ではけっしてありません。

おそらくこの現状は、そうそう変わるものでもないでしょう。

そしてそれでもぼくは、同性愛者なのです。

それだけはもう変えようのない、どうしようもないことなのです。もちろん、変える必要もないですよね。

ぼくはその現状を、そしてぼくが同性愛者であることを、まるごと受けとめていくのです。

こうして書きながら思うのですが、カミングアウトとは、ぼくにとって変わることであり、あるいは変わらないことの象徴なのかもしれません。

これからも先、ぼく自身がカミングアウトすることで、何かを失ったり、何かを得たりすることでしょう。

そのことでわくわくします。そのことで絶望を抱いたりします。
でもやっぱりうれしいことかな。
それが、いまのぼくから見たカミングアウトです。

Wより

W君へ

W君、すっかり返事が遅れてしまいました。ごめんなさい。これまで酷使してきた両眼の各所がおかしくなり、文字を読んだりパソコンに向かったりするのがおっくうになっていました。ようやく眼の手術の日取りも決まり、少し落ち着きを取り戻しましたので、あなたへの返信にとりかかることにしました。

前を見つめる若者に手紙をしたためることは、相手が誰であろうと、いつもながら、心が昂《たかぶ》ります。

生への意志表示

六年前の「差別とアイデンティティ」という講義の前期レポートで、当時一年生だったあなたが、「ぼくは、同性愛者だ」で始まる長い〈カミングアウト〉レポートを書いてきたのを、僕はいまでも鮮明に覚えています。

よほど心動かされたのでしょう。そのレポートはいまでも大事にとってあります。それをあらためて取り出してみると、出だしは「僕は、同性愛者、世間一般に言う〈ホモ〉だ」となっています。おそらくいまのあなたなら、けっして使わないような表現もまじっていますね。

ついでに引用すると、その〈カミングアウト〉レポートの末尾は「闘い続ける、それこそ、僕が生きていくということなのかもしれない」となっていました。

〝オレは生きているぜ！　私はいま、ここで、生きようとしている！〟……若い人たちの、こういう生の意志表示に向きあうことにまさる歓びを僕は知りません。

僕はアルバート・シュヴァイツアーに対しては批判的なのですが、彼がアフリカはガボンのオーゴウェ河の船上で「オレは生きようとする生命に取り囲まれた、生きようとする生命だ」とおののいたときと同じような〈おののき〉を感じました、と言ったら言いすぎでしょうか。

余計なことを書いてしまいました。あなたは、今度のお手紙で、「〈相手がゲイであると確証がもてたとき以外〉には、カミングアウトをしたことがありませんでした」と書いていますが、僕のほうは僕のほうで、六〇年以上も生きてきながら、あのように素直に、スッと、〈カミングアウト〉を突きつけられたのは、初めてのことでした。

突きつけられた、という言い方はちょっとキツイ表現ですね。オレはもうここから引き下がらないんだ、といったさわやかな居直りというか、自分と他者に対する初々《ういうい》しい〈宣戦布告〉のようなものを感じたものでした。

「素敵なレポートありがとう」と僕はあとであなたに声をかけたそうですが、そのことはまったく覚えていません。きっと、上で述べたようなそうした気持ちが言わしめたのでしょう。僕には、ホントに、「素敵なレポート」でした。

過失

あなたの〈カミングアウト〉レポートを受け取るさらに二年ほどまえに、僕は一人の若い同性愛者の若者を、無意識に、というよりも僕の愚かな無知によって、ひどく傷つけてしまった経験がありました。ここでそれについて詳しく書くことはしませんが、大学の外で開かれた、ある人権問題のワークショップでコーディネーター（気づきと交わりの手助けをする人）として参加した僕は、はからずも、一人の同性愛者の内面に土足で入り込むような言葉を発したのでした。

彼はワークショップの反省会で、多くの参加者たちの面前で、こともあろうに人権問題のコーディネーターから、同性愛者としての人権を踏みにじられたことを、淡々と、語りました。

それは、静かな〈糾弾〉でした。耐えつづけること以外、逃げ場などどこにもないことを知りました。

そのときまで僕は、アフリカやアジアの、また国内のさまざまな被差別の現場を歩き、被差別当事者と出会ってきてはいたのですが、彼のような、そしてあなたのような、セクシュアル・マイノリティ（の葛藤や苦悩）とは、自分の意志で向きあっていなかったのです。何も知らなかったし、知ろうとしなかった。

僕と柴田さんの授業に毎年セクシュアル・マイノリティのゲストを招いて、話をしてもらうようになったのは、それからのことです。その最初のゲストスピーカーは、もちろん、僕にセクシュアル・マイノリティが置かれてきた状況と彼ら彼女たちの苦痛の根源を気づかせてくれた、その若者でした。

この経験がなかったら、僕はおそらくあなたの〈カミングアウト〉を受けとめられなかっただろうと思います。あなたが「ささやかで、穏やかな」気持ちで、「不安」もなく〈カミングアウト〉できたのは、僕に踏みつけられた〈かれ〉（他者）の眼差しの照り返しが、僕のなかにわずかながら残っていたからかもしれませんね。

でも、あなたや彼のほんとの気持ち（根源的苦痛）などはまだ、よくわかっていないのです。

他者

さて、あなたは六年前のレポートの終わりのほうで、こう書いていたのを覚えていますか。「少しずつ、自分というものと向きあうなかで、僕は以前以上に、自分のなかに大きな力が生まれるのを感じる。でも、僕はまだ寂しさを感じる。悲しさに震える。……気づいた僕に何ができるか。それは、やはり闘うことだと思う」。そして初めに引用した末尾の文章が続くわけです。

今度の新しい手紙であなたは〈カミングアウト〉とは「たんなる告白」ではない。「互いの存在そのものが響きあ」って、「さらに新しい関係を築くこと」だと書いていますね。そして、多くの場合うまくいかず、関係そのものが壊れてしまう場合がある、とも。

ここで、今回のあなたとの往復書簡のキーワードとも言えそうな〈カミングアウト〉についての僕の考えを、少し違う観点から述べてみましょう。

人間は〈他者〉と出会い、向きあい、そしてそれを引き受けないと、自分が何者であり、何をなすべきかが見えてこないものですが、あなたの同性愛者としての〈カミングアウト〉への道程は、あなたがあなた自身のなかに〈他者〉を発見し、それを引き受けていこうとする七転八倒のプロセスだったのだろうと僕は考えます。

なぜなら、あなたは（私もそうですが）〈他者〉との関係（かかわりあい）のなかで、あなたの表現を借りれば「互いに響きあう」関係のなかで、かろうじて、あなた〈私〉はあなた〈私〉になることができるものだからです。

ですから、〈カミングアウト〉とは、「私が私であること」（アイデンティティ）の宣言であると同時に、〈私〉のなかのまがうかたない社会的・歴史的・文化的・身体的（エロス的）存在としての〈他者（他者性）〉と向きあい、それを引き受けようとする、大変難儀で困難の多い行為なわけですね。詩人のランボーにならって、「私とは一人の他者だ」と叫びたいところですね。

それは「闘うことだ」と、あなたは一九歳のときに初々しい決意を述べましたが、しかし「寂しさを感じる。悲しさに震える」とつけ加えざるをえませんでした。「闘うこと」、つまり、「相互に響きあう」新しい関係の創造とは、障害の少なくない難儀な永遠のプロセスだからです。

あれから六年、あなたは二五歳になり、音楽という「相互に響きあう」ための表現手段を見つけだしたものの、「ぼくはいまだにどこへ行っても同性愛者として生きるうえで、おかしな具合で、異性愛者の友達にもカミングアウトを滅多にできず、家族にもカミングアウトをしていない、そしてできない」と書かざるをえないでいます。

続けて、「それでもぼくは、同性愛者なのです。……そしてぼくが同性愛者であることを、まるごと受けとめていくのです」と書きつけていますね。

W君、あなたは〈カミングアウト〉という行為のかたちよりも、もっともっと大切な、人間として生きようとする意志（つまり、生への意志という内実）を身につけたのではないでしょうか。

あなたは〈他者〉と向きあい、〈他者〉を選び、〈他者〉とともに生きようとしている。僕が若い友人のあなたから受けとってきたメッセージは、それ以外のものではありませんでした。僕が受けとめようとしてきたあなたの〈カミングアウト〉メッセージの内実とは、そういうものです。

あなたもよくご存知のように、同性愛者がみな、自分のなかに社会的・歴史的・文化的・身体的〈他者〉をかかえ、向きあい、〈他者〉と「相互に響きあい」ながら生きようとしているわけではないのです。〈他者〉をもたず、〈他者〉に眼を向けることをどこかで恐れている、つまり自由になることを恐怖している同性愛者も少なくないはずです。それだけ、状況の不寛容がまだ続いているからでしょうが。

どんな〈当事者〉でも、それだけではけっして〈当事者〉になることはできず、〈当事者〉であることを自らの意思で選ぶことによって、かろうじて、歴史や社会や文化の、総じて言えば政治の「相互に響きあう」関係の創造行為に参加できるというわけです。

以上が、あなたの〈カミングアウト〉を受けて、僕がどう感じ、どう考えてきたかという、あなたの問いに対する僕の応《こた》えです。この考えや感じは、六年前もいまも本質的に変わってはいません。

半年ほど前、研究室を訪ねてこられたあなたは、学生たちがたくさんいる前で、「僕の恩師」などという、こっちが赤面するような言葉を使われたものですから、「売り言葉に買い言葉」(?)で、「君こそ、僕の恩師」なんて言ってしまいました。自分の内や外の〈他者〉を引き受け、〈他者〉とともに、ヘコタレそうになりながらも、おずおずと生きようとしている人は、若者であれ、老人であれ、障がい者であれ、同性愛者であれ、百姓であれ、料理人であれ、塾講師であれ、ミュージシャンであれ、教員であれ、臨時講師であれ、郵便配達人であれ、サラリーマンであれ、通信制の学生であれ、フリーターであれ……、僕には、みんな「恩師」なのです。ちょっと、カッコウつけすぎました。では、また会う日まで。

二〇〇七・七・二十四

Kより

3

人間の〈差別〉を考える10のテーマ

◆若者たちの挑発を受けて

＊――次の文章は、二〇年近く続けてきた「差別とアイデンティティ」という國學院大學での教養科目の講義を通じて考えてきたことのメモランダムである。この講義は最初、「差別と人権」という名称で出発した。しかしすぐに、他者や社会や世界との格闘のとば口に立ちはじめた若者たちの生臭いアイデンティティ・クライシスと向きあうなかで上記の名称に変わってしまった。

以下の一〇のテーマは、目の前に坐っている受講生たちを挑発するようなものもあれば、せっぱつまった受講生たちのリアルな挑発に乗ってしまったものもある。人とつながり交わらなければ生きていけない人間が、なぜ人を排除し差別するのか。人びとの社会的包摂と共生を目指してきた近代社会が、どうして新しい排除や差別を生みだしてしまうのか。

これは、偏見と差別から逃れられないでいる者同士で語りあった授業の備忘録のようなものである。

〈1〉私たちの社会は差別・排除によって成り立っている

私たち人間の社会は昔から、誰かを、とりわけ異質な他者を意識的に無意識的に排除・差別・隔離することによって成り立ってきた。差別・排除の対象は時代や地域によって異なるものの、残念なことに、いまもそれは続いている。どんな家庭も学校も社会も国家も例外ではない。異質な他者をつくりだし排除することによって、私たちは「私たちだけの〈身内〉の結束・安寧・利益」などを生みだしてきたといってもいい。

自分の家庭から、学校から、会社から、自分のコミュニティや国家……から、誰が、どんな人が排除されているかを振り返ってみれば明瞭だろう。

差別や排除は私たちの存在様式によって規定され、私たちの内面に分泌される見えない偏見によって補強される。かくして、私たちの誰もが現実社会の差別や排除によって生みだされる偏見から自由ではありえない。

私たちの社会が誰かを排除することによって成り立っていること、私の考えや思想が偏見からけっして自由ではないこと、それを知っておくことはとても大切なことである。これは自分自身と社会に対して、つねに疑いをもって生きるということの大切さを教えてくれる。

〈2〉私たち人間はまた、共存・共生を求めてたたかいつづけてきたのも事実である

私たち人間と人間の社会が古来、誰かを排除・差別することによって成り立ってきたことも事実だが、人間と人間の社会が古来、この差別・排除・偏見に対して抵抗しつづけ、異質な他者や社会との共存・共生を求めるたたかいを続けてきたのも紛れもない事実である。排除(exclusion)の歴史は包摂(inclusion)と相互扶助のためのたたかいの歴史でもあった。

このたたかいの過程で数限りない人びとのいのちが失われてきた。社会的人間である私たちは、まだこのたたかいの途上にある。このたたかいのなかで、私たち人間は、社会や国家や、自分と自分たち自身に対する批判的精神を獲得してきたのである。

人間が自分でつくった制度や思想や宗教などの奴隷になってしまってはいないかどうか、自分たちの社会や組織が誰かを排除したり抑圧したり搾取したりしてはいないかどうか、人類が長い時間と幾多の犠牲のなかから築きあげ次の世代に手渡しつづけてきたこの批判的精神(自由検討の精神)こそが、私たち人間を差別・排除の社会から包摂と相互扶助の社会へと導いてくれる。この精神とは自分と自分たちを振り返る力のことであり、自分と自分たちの生き方と他者の生き方のおりあいをつける力のことでもあるだろう。

この自由検討の精神は、思想などというむつかしいものではないと思っています。むしろ、思想を肉体に宿す人間が、心して自ら持つべき円滑油のごときもの、硬化防止剤のごときものとでも申したらよいかとも考えています。

（渡辺一夫『フランス・ルネサンスの人々』岩波文庫、一八頁、一九九二年、初出一九五〇年）

戦争に批判的精神をもちながらも体を張って抵抗することができなかったフランス文学者の渡辺一夫は、硬直した中世末期の非人間的な制度の不条理とたたかい、〈異端〉として幽閉・殺害されたフランスのユマニストたちの伝記を、第二次世界大戦下の日本で一人黙々と書き記していた。

そのユマニストたちが硬直した政治制度や宗教制度、そしてそれらを支配する当時の権力者たちに対して命がけで問うた合言葉は、「それは人間であるということと何の関係があるのか」（Quid haec ad humanitatem?）というものであった、と渡辺一夫は前掲書に書き残している。戦時中の日本社会でもこの合言葉を発することは、命がけの行為だった。

二一世紀の現在、事情は変わっただろうか。

「人間であること」（人間の尊厳）があらゆる制度や権力や思想に優先するというこのユマニ

スムの精神は、現在ではたとえば「ドイツ連邦共和国基本法」（憲法）などにしっかりと受け継がれている。

その第一章（基本権）第一条〔人間の尊厳〕第一項にいわく、「人間の尊厳は不可侵である。これを尊重し、および保護することは、すべての国家権力の義務である」（阿部照哉・畑博行編『世界の憲法集（第二版）』有信堂、二五五頁、一九八八年）。

ちなみに、日本国憲法の第一章（天皇）第一条〔天皇の象徴的地位、国民主権〕は、「天皇は、日本国の象徴であり日本国民統合の象徴であつて、この地位は、主権の存する日本国民の総意に基く」というものである。世界諸国は多様である。

余談だが、人間についての次のような考え方も紹介しておこう。

人間や他の動植物、つまり生命の進化の歴史とは「相互闘争」（争いと排除）よりも「相互扶助」（共存・共生）の歴史だったと説くアナーキストの思想家クロポトキン（一八四二〜一九二一年）は、次のような文章を書き残している。

相互扶助は相互闘争と等しく自然の一法則であるが、進化の要素としては恐らくはより大なる価値を有し、種の存続と発展とを保障すべき習慣と特質との発達を促し、同時にまたその各個体に最小の努力をもって最大の幸福と享楽とを得しめるものである。

（ピョートル・クロポトキン『相互扶助論』大杉栄訳、同時代社、二七～二八頁、一九九六年、初出一九〇二年）

これは、当時のマルクス主義者たちの（階級）闘争発展史観に対する批判であろう。

〈3〉偏見の相互受容から出発する

誰かについての、また何らかの出来事についての誰かの偏見を、私の偏見（あるいは私の正義）で排除・抹殺してしまうのは他者との共生・共存の基盤を破壊してしまうことになる。他者の偏見を受け入れるということは、それを無条件に受け入れ従うことではなく、他者の偏見を生みだしている他者の固有の歴史と物語の〈存在それ自体〉を受け入れるということである。私たち人間の考え・主張・生き方などは、私たち一人ひとりの経験や歴史的な存在様式から完全に自由になるということは不可能だからである。

多様な偏見の尊重と偏見をもつ他者との出会いの場をつくりだそうとする双方の努力こそ、自他の偏見を克服しあっていく最初のステップである。哲学者の鶴見俊輔は『戦時期日本の精神史　1931～1945年』のなかで、現代の出来事についてのそれぞれの人間や国家の偏見にまず耳を傾けあうことの大切さについて、こう語っている。

現代の出来事についてどう解釈するかは、どういう偏見を私たちが抱いて暮らしているかによって異なります。この避けがたい解釈の多様性を私たちとしては尊重し、またはっきりと見据えなければならないでしょう。

（岩波現代文庫、六〜七頁、二〇〇一年、初出一九八二年）

これは近代の「寛容（トレランス）の思想」を生みだしたユマニストたちが格闘してきた「不寛容に対して寛容であるということはいかにして可能か」という課題につながっている。寛容とは互いの偏見をも含めて、互いの存在（to be）をまず受け入れあうということであろう。他者の攻撃的偏見や無知をまず受け入れることも、自分自身が正しいと信じている意見も偏見ではないかと疑ってみることも、つらい、相当の覚悟のいることである。共生的関係の実現とは、そうしたシンドイ行為・思想によってかろうじて支えられるものなのだろう。

自分の排除をも辞さない他者の暴力的偏見に対して、自分の正義（と思っている偏見）で対抗し、他者の偏見を暴力的に排除・抹殺しようとすることは、排除と暴力の連鎖を引き起こさずにはいない。

偏見の多様性の相互承認、偏見の相互受容からの出発のためには、〈相互の存在それ自体は受け入れあう、相互の生命《いのち》・自由・人権を尊重し合う〉、というようなことが共通のルール、共通の倫理にならなければならないだろう。そしてそのことの実現には相互の絶え間ない努力が不可欠である。（他者を排除することは、いつか自分も排除されても仕方がないということの自己選択であることを、私たちは知るべきである。）

私たち人類の歴史はまた、このルールや倫理の持続的創造と構築の歴史でもあった。偏見や憎しみは人間と社会の断絶・分断・孤絶（の経験）から生まれることを忘れないようにしよう。人は生まれたときは誰もが差別や偏見とは無縁な存在だった。

自分の意見もまた偏見だという言い方に抵抗がある人がいるかもしれない。しかし偏見をもっていると自分が思っている他者と向かいあって、自分の意見は正しいが、そちらは偏見で間違っているといった関係からは、対話は成り立たない。さまざまな偏見や考えをもった子どもや若者たちと日々向きあう学校の教師のような仕事は、このことを肝に銘じておいたらいいだろう。

偏見とは強い言葉なので、かたよった考え方などと表現したほうがいいかもしれない。

〈4〉私たちの社会はかぎりなくマイノリティを生みだし、排除したり隔離したりする

差別や排除は、差別・排除される側の人間（被差別者）に苦痛（痛み）を与える。そして差別は具体的で固有で歴史的であるがゆえに、被差別者の痛みも固有で歴史的である。この苦痛が社会の多くの人たち（マジョリティ）によって気づかれることはまずない。固有で具体的で、時には歴史的な差別を受ける側はほとんどの場合、社会のなかの少数者（マイノリティ）に属しているからである。

私たちの社会はその構造の政治的・経済的・文化的な、そして歴史的なありようの変化に応じて、つねにさまざまなマイノリティを生みだしてきた。マイノリティは後述するようにけっして固定することはない。マイノリティは社会のなかのマジョリティ（多数優位者）と比較して、さまざまな自由や権利の侵害・はく奪を受けている場合がほとんどであるから、マイノリティを「被差別少数者」と呼ぶことができよう。

マジョリティとマイノリティのあいだには見えないバー（壁あるいは構造）が張りめぐらされており、人間的な出会いや交わりが阻まれている。それが見えない隣人であるマイノリティの固有の痛みが、壁の向こう側の人たち（マジョリティ）に伝わっていくことを阻んでいる。

私たちの社会では学校の教育などを通じて、「差別は悪であり、してはならないもの」という観念は教えられるが、日常的に差別を生みだしている社会の仕組みの存在を教えられることはめったにない。マジョリティはマイノリティ（被差別少数者）に強いられている固有の苦痛と直接向きあう機会はほとんど与えられていない。バリアフリーやサーヴィス産業の普及、福祉の制度化などが阻んでいる場合もある。

私たちがマジョリティであるとすると、私たちは「差別や偏見は悪である」と教えられながら、障がい者をはじめとするマイノリティと直接出会ったり、あたりまえに交わったりすることを、制度的に構造的に阻まれている場合が多い。かくして私たちマジョリティのなかに、頭脳（あたま）と身体（からだ）の分裂が起こる。

突然マイノリティと出会ったりすると体が硬直してしまう。障がい者を生身のない、ある種のタブーのような〈観念〉として教えられてきてしまっていて実際の交わりを阻まれてきた大学生たちのなかにも、そうした人たちは多々見られる。

〈5〉なかなか見えない、感じられない構造的差別について

グローバリゼーションによって世界中の人びとが一つの巨大な経済・政治・文化のシステム

に否応なく結びつけられるようになった現代社会では、私たちの生活基盤それ自体がさまざまな世界に生きる人たちの生活基盤と直接的・間接的に結びつけられている。私たちの生存そのものがどこかの世界の誰かの差別や貧しさの上に成り立っている場合が少なくない。しかし、それは気をつけていないとなかなか見えない。

たとえばアパルトヘイト時代の南アフリカでは、南ア在住の日本人は経済的に白人人種主義政権を支えることによって「名誉白人」待遇を受け、黒人たちから奪われてきた居住や移動の自由、また自由に教育を受けたり快適なホテルや交通機関を利用する権利などを白人政府から保障されていたことがあった。

それを見、それに気づくことは苦痛をともなう。

いまでも私たちがアフリカやアジアの村やスラムを歩けば、朝から晩まで働いても満足に食べられない膨大な数の人たちを前にして、一粒の食糧を生産しもしないのに、何でも食べられ、自由に移動できる自分たちの存在の不条理に心を痛める人たちは多いだろう。若い時代、アフリカ諸国を旅しながら私が感じつづけた胸が張り裂けそうになる苦痛は、なぜ私は食べられ、なぜ彼らは食べることができないのか、というものだった。こうした構造がなくなったわけではない。

構造的差別・構造的暴力は、けっして地球の南と北の問題だけではない。健常者と障がい者、高学歴者と無学歴者、中央と辺境（地方）、人間と自然……など、いたるところに存在する。中央の快適な生活を保障するために、また「原子力ムラ」に群がる利益者集団の莫大な利益を生みだすために、地域住民のいのちとつながりを破壊する原子力発電所や核廃棄物再処理施設が東北や北陸の過疎地に集中的に押しつけられてきた構造に、私たちはいま放射能の恐怖から逃げまどうフクシマの人たちの怒りと悲しみを通して気づかされている。

米軍基地の大部分を沖縄に押しつけアメリカの核の傘の下で経済成長にいそしんできた私たち（ヤマトンチュー）の暮らしと、占領下と変わらないような危険に満ちた状況下に置かれてきた沖縄の人たち（ウチナンチュー）の暮らしとのあいだにも、構造的な差別が横たわっている。これらの構造的差別はいずれも日本近現代の歴史と深くかかわっている。

こうした構造のなかで、私たちは知らず知らずのうちに東北や沖縄への偏見や差別を身につけていく。これは、「私は東北も沖縄も差別していない」といった主観的な問題ではない。

〈6〉差別は重層的であり、複合的である

差別は複合的だ。差別するものが差別され、差別されている人が差別者になるといったことが日常的に起こる。何が差別や排除の基準になるかは、時代や社会構造や人権意識のありよう

などによって異なる。

差別は、障がいがある／ない、障がいの差、性のあり方や性差（セクシュアリティ&ジェンダー）、経済格差、属する階級の違い、皮膚の色・出自・血統・学歴・民族・国籍・宗教・年齢・職業・言語・思想・生活様式・能力などの違い、病気／健康、美／醜、何かができる／できない、結婚／未婚、よく気がつく／空気が読めない……などが重なりあっている。

したがって、一人の被差別者が二重三重の被差別者になることもまれではない。というよりも、ほとんどの場合がそうである。アパルトヘイト時代の南アフリカの黒人女性や日本植民地時代の朝鮮人女性のように。性差別・民族差別・階級差別……、彼女らに障がいがあれば障がい者差別も加わる。

筆者は、アパルトヘイト体制支配末期の南アフリカで、アパルトヘイトに反対する黒人女性たちの集会に参加したことがあった。「白人支配からの解放！」とこぶしを突き上げて叫ぶ黒人女性（筆者をそこに連れていってくれた友人）が、筆者の顔を見ながら、「私たちがこのスローガンを叫ぶときは、（黒人や白人やカラードの）男の暴力支配からの解放！ってことも同時に叫んでいるのよ」と語ってくれたことがあった。

重度の脳性マヒ者である友人の利光徹は「自分よりもちょっとでも障がいが重そうな人、勉強ができなさそうな人を見ると、ホッとして優越感をもつことがあった」と語ってくれたことがある。利光はそれを「自分の内なる優生思想」と呼んだ。

フェミニストで社会学者の上野千鶴子は、これらを「重層差別」あるいは「多元差別」と呼んで「複合差別」と分けている。そして、「複合差別は、多元差別のうち、差別相互の関係にねじれや逆転があるものをさす」（上野千鶴子「複合差別論」、井上俊ほか編『差別と共生の社会学』岩波講座・現代社会学15、岩波書店、二二九頁、一九九六年）と述べる。

一九七〇年代初頭、優生保護法のなかの中絶規定から「経済的理由」が削除されようとしたことがあった。家父長制のもとで女性が「産む性」として抑圧されてきたことに抗議するウーマン・リブのグループが、「産む・産まないは女（わたし）が決める」と主張して「中絶の権利」を守ろうという運動を起こした。

それに対して、女性よりも社会的弱者とみなされていた障がい者たちが、生殖技術の高度化などによってますます「生まれる前から抹殺される危機にある私たちの生きる権利を奪いとる権利があなたがた女性にはあるのか」と厳しい批判を浴びせたことがあったが、これなどは上野のいう「ねじれ」の例であろう。

この差別の複合性の自覚は被差別者の連帯にとってはきわめて重要なファクターとなる。また自らの内なる差別性と被差別性の自覚は、差別者／被差別者双方が差別から自らを自由にするための基盤となるだろう。

〈7〉差別や偏見はどこから生まれるのか——差別の内と外

どんな差別も偏見も、具体的で歴史的な人間関係や社会・国家システムのマイノリティ排除・抑圧・隔離の産物である。差別は初めから人間の心のなかに生まれるのではなく、一人ひとりの心のなかに外側から生みつけられるのである。

システムによるマイノリティ差別と排除の繰り返しとその集積から、システムのなかでシステムに依存して生きるほかはない私たち（この場合マジョリティ）の心の奥深くに、システムが排除・隔離しようとする人びと（マイノリティ）への差別の感情、差別の意識、あるいは忌避の感情として分泌され、沈殿するのである。

私たちはシステムから排除されるのを恐れて、システムが排除しようとする人たち（マイノリティ）に差別や忌避の感情をもつようになる。私たちはそうやって身を守ろうとする。あるいは社会はそうやって結束を強めようとする。

ある社会システムが、どうしてある少数者や少数者集団を排除や隔離の対象とするのか。どうしてマジョリティ集団や、隔離・排除の対象とされるマイノリティ集団さえもが、時としてそれを自ら受け入れようとするのか。これについては、それぞれの社会システム全体の文化・

歴史・宗教・構造様式や人びとの深層心理……などと深くかかわっていて、けっして一様ではない。

差別や排除や偏見が、ある社会システムの政治的支配の確保や経済権益の独占といった世俗的な権力の行使と深く結びついているとしても、社会システムの個々の構成員の心理のなかでうごめいているものは「穢（ケガレ）」の感情であったり「恐怖や畏怖（オソレ）」の観念であったりする場合が多い。社会システムは人びとのこうした感情や観念を利用して、システムの秩序を確保しようとしてきた。

南アフリカのアパルトヘイト体制は、おおまかに言って、少数者白人の政治権力と経済利権を守るために多数者のアフリカ黒人を武力によって支配し隔離するシステムであったが、西欧近代以降の奴隷貿易と植民地支配のなかで生み落とされた黒人蔑視（レイシズム）と黒人に対する恐怖の観念、さらには黒人の側における被差別イメージの内面化などを抜きには存続しえないものだった。

一六世紀にオランダやフランスからの入植移民たちが持ち込んだ「神に選ばれた民としての白人、白人に使える民としての黒人」というボーア人による聖書解釈（観念）もまたアパルトヘイトというシステムの樹立と持続を支えるものだった。

（余談だが、ある社会システムのなかの少数者が必ずしも弱者や被差別者になるわけではないことは、南アフリカのアパルトヘイト・システムが示している。南アでは黒人多数者が少数白人優位者によって支配・差別されていた。これは主に武力の差や産業化の度合いの隔たりとかかわっていた。）

中世社会に起源するといわれる日本の部落差別について、作家ですぐれた差別論研究者の川元祥一（一九四〇年〜）は、部落差別の観念についてこう述べている。

> 私は部落差別の観念的原理を、**「忌穢」と「触穢」二つの観念連合**であると考えています。そして、こうした観念が一定の人々に固定され世襲的にレッテル貼りされるのは、**ケガレに触れてそれを日常性に再生する職業（キヨメ役）が、世襲を基本とする身分制度と一体化すること、つまり身分、職業、忌穢・触穢観——この三つの要素が一体化する**ためと述べてきました。
>
> （川元祥一『部落差別の謎を解く——キヨメとケガレ』モナド新書、七八〜七九頁、二〇〇九年。太字は原文による）

この身分、職業、忌穢・触穢観の三つの要素がそれぞれの時代の政治権力体制のなかでさまざまに絡みあい、また組み合わされて部落差別が続いてきたというのである。江戸幕府の政治権力による民衆支配のための「士農工商穢多非人」という身分秩序（制度）から部落差別が発生したという古典的な部落形成史論にはない新鮮な解釈である。

　今日の私たち日本人のなかに根強く残っている朝鮮人差別や中国人差別が、近代日本の朝鮮支配、中国侵略の歴史と深くかかわっているのは言を俟《ま》たない。しかしその差別を支える私たちの深層心理には、私たちが手を下した残酷な支配や侵略に対する「罪（ツミ）」の意識や、日本に優越する文化をもった古代から近世の中国大陸や朝鮮半島の人たちに対する「畏怖」観や「劣等」感のような屈折した意識や感情もまたひそんでいるかもしれない。

　こう述べてくると「差別は人の心のなかから生まれる」という俗説に足をすくわれそうになる。だが本項の初めに言及したように、私たち人間がつくりだす社会や国家や制度、つまり社会システムの権力作用のなかから差別や偏見が生みだされ、私たちは自己保身のためにそれに染められるのである。

　社会の権力システムは、私たち人間のなかにあるさまざまな差異や観念を巧みに利用することによって私たちを分断し、対立させ、政治的安定を図ろうとする。差異や観念はシステムに組み込まれることによって初めて差別や排除と偏見のファクターとして機能するのだ。

　誰がどのように差別され排除されるか、どのような差異や観念が差別のファクターとして利用されるのか。それは具体的なある時代の、ある国家や社会の支配・統合・生産関係などの論理や象徴にどれだけ適合するか否かによって決定される。

差別についての学習（人権学習）とは、個々の差別や偏見を生みだし、私たちの内面に差別／被差別感情や意識を分泌させる社会や国家の仕組み・政策・意図などを認識すると同時に、差別を生みだしてきた個々のシステムや被差別当事者と向きあい、差別や偏見を主体的に相互的に乗り越えていくために実践的に学んでいくということであろう。

差別を学ぶということは、観念的に「心を変える」「理解しあう」といったような表層的なことではなく、差別の錯綜した根源を認識すると同時に、日常的に差別と向きあい、さまざまな方法で差別とたたかうという、きわめて実践的な行為である。

〈8〉差別／被差別関係から自由になるということ
――それは、まだるっこい日常の出会いのなかで

被差別者Aに向かいあう他者B（多くの場合マジョリティ）は、精一杯の想像力と認識の力をはたらかせてAの「痛み」を理解しようと試みるが、十分にわかることは不可能である。被差別当事者のAは「自分の痛みがわかってたまるか」と思う。

しかし被差別者と向きあい、その固有の痛みを少しでもわかろうと理解し、少しでもそれを

共有しようとこころみることが、被差別者の苦痛を少しばかり軽くし、被差別者Aと他者Bの関係を少し「人間化」する。そして被差別者Aの個人的な苦痛を少し「社会化・政治化」する。「社会化・政治化」するとは、隠されていた被差別少数者（マイノリティ）の痛みを、社会全体のなかにさらけだし、社会全体の課題として問題化するということである。

被差別者Aの苦痛に耳を傾けようとする他者Bもまた、痛みの程度と質の違いこそあれ、何らかの具体的で固有な被差別経験を内面にかかえもっている場合が多い。だから、Aがどのようにしてそれ（Bの痛み）に思いを致し、A（の痛み）とB（の痛み）を分断している社会的な壁に気づくようになるか、これがうまくいけば、AとBとの個人的な痛みの「社会化・政治化」はさらに外界に向かって広がっていく。

AとB、CとD、EとF、AとG、MとX……、日常的な出会いの繰り返しのなかでしか、私たちが何らかの差別や何らかの偏見から少しずつ自由になっていくことは不可能だということ。

マジョリティとマイノリティを隔てている私たちの社会の構造（壁）に、共生に向かう風穴を開けることのできる鍵は、そうしたまだるっこい日々の交わりの過程にしかひそんでいないということである。私たち一人ひとりの「人間化」（humanization）とは、かくもまだるっこい日常の営み（相互の人間化）のなかにしか存在しない。

異質な人間同士が何らかの社会的関係を結びあって生きていかなければならないわけであるから、日常のまだるっこい出会いのなかでの相互の「人間化」の営みによってさまざまな差別を減らしていくことは可能である。だがこの「日常のまだるっこい出会い・交わり」は、分断された社会では尋常なものではない。それは時として耐えがたいほどにザラザラとしている場合がある。差別／被差別はそれほどに深い〈闇〉を、差別／被差別者両者の内面に生みだすからである。心の〈闇〉を互いに感じあうことも共生にとって大切なことであろう。

苦痛にあえぐ重い障がいをもった隣人や失意の友人……と、一人で日常的に向きあおうとしたら、両方とも潰れてしまい、苦痛が苦痛を生むということになりかねない。さまざまな他者との苦痛の「共有」「分担」（苦痛の社会化・政治化）を目指す実践がどうしても必要となる。

個人が隣人の苦痛に日常的に淡々と、あたりまえに向きあうことができるような社会とは、どのようにして実現できるのだろうか。行政やNGO・NPOなどの本当の役割とはそこにあるのかもしれない。

しかし残念ながら、差別や排除や偏見はなくならない。時代や社会、国家の変化・変質にともなって、また新しい別の差別、差別関係はつくりだされてくる。人間も社会も歴史も未完成なものだからである。フレイレ流にいえば、人間も社会も「未然の可能性」（inédito viável）をもった形成途上の存在（パウロ・フレイレ『希望の教育学』里見実訳、太郎次郎社エディタス、二八五頁、二〇〇一年）であるということだ。

だから「差別のない社会を！」というのはしょせん不可能なありえない命題であって、「差別としっかりと向きあって、堂々とたたかえる社会を！」ということのほうが理にかなっている。私たち一人ひとりを自由に豊かにしてくれる、つまり私たちの身についた「人間の尊厳」(human dignity）や「人権」(human rights）の意識と思想は、その実践からしか生まれようがない。

この「差別とアイデンティティ」という一九九三年に生まれた講座のなかで、差別の克服は日常のまだるっこい出会いと交わりあいのなかでしか可能ではないことを筆者や学生たちに気づかせてくれたのは、重い障がいをもちながら遠い福岡からときどき現れて授業をしてくれた利光徹である。

また、「差別のない社会を」というような授業方向では自分には無意味で、「差別とたたかえる社会を！　といった方向で授業を進めていってほしい。差別とたたかうなかで僕は自分のアイデンティティをつくりあげてきた」と忠告してくれたのは、開講二年目の受講生だったＡである。二人に感謝している。

〈9〉差別とアイデンティティ

アイデンティティとは、私がこの困難と矛盾に満ちた現実社会で、他者とともに生きていくための尊厳と意味（存在証明）を与えてくれる、私の出自・経験・歴史・教育・学習・信仰などによって私の意識と身体に刻みつけられる、誰か・何かに対する私の帰属意識・観念のことである。

『広辞苑（第五版）』では「人格における存在証明また同一性。ある人の一貫性が時間的・空間的に成り立ち、それが他者や共同体からも認められていること」などと定義されている。

ふだん私たちは、あまり意識することなくさまざまなアイデンティティ観念を組み合わせながら生活しているが、長いあいだ被差別の経験にさらされたり、自分の祖先や民族の苦難の歴史を知ったりすると、アイデンティティは被差別の現実や被差別の「記憶の政治」から生みだされる強力な自己確認の意識となる。苦境と苦痛の記憶のなかで、私が私であるために、他者や世界との関係のなかでの私の実在を確認するために、私はあるアイデンティティを選ぶのである。「選ぶ」というより、ここでは「ゆだねる」と言ったほうがいいかもしれない。

ところが私や私たちが他者の存在をかえりみることなく強力な一つのアイデンティティに固

執してしまうと、私や私たちは時として他者との回路を断ち切ったり、他者を傷つけたりしてしまうことがある。

だが、アイデンティティは人を殺すこともできる。しかも、容易にである。一つの集団への強い――そして排他的な――帰属意識は往々にして、その他の集団は隔たりのある異なった存在だという感覚をともなう。仲間内の団結心は、集団相互の不和をあおりやすい。……（中略）……暴力は、テロの達人たちが掲げる好戦的な単一基準のアイデンティティを、だまされやすい人びとに押しつけることによって助長される。
（アマルティア・セン『アイデンティティと暴力――運命は幻想である』大門毅監訳・東郷えりか訳、勁草書房、一六～一七頁、二〇一一年）

単一帰属の排他的アイデンティティから自由になるためには、私たちは多様な、複数のアイデンティティの選択がどうしても必要だとA・センは前掲書のいたるところで述べている。インドで過ごした幼少時代のヒンズー教徒とイスラム教徒の殺し合いの記憶が、A・センに「アイデンティティに先立つ理性（選択）」を選ばせるのである。

済州島出身の韓国人を両親にもち日本に生まれた社会学者の鄭暎惠《チョンヨンヘ》は、アイデンティティに内在する政治権力、つまりアイデンティティの政治性に注目してきた「在日」のディアスポラ知識人の一人である。

アイデンティティの〝獲得〟、アイデンティティの〝確立〟、アイデンティティの〝喪失〟……。これらの言い方はどれも、私たちが主体でありアイデンティティが対象であることを前提としている。しかし、アイデンティティからの〝自由〟、〝複合的(ハイブリッド)アイデンティティ〟と言う時、個人の主体的選択や志向以前に、〝記憶の政治〟が半ばアイデンティティを決定してしまう権力作用への〝抵抗〟がこめられている。

(鄭暎恵「言語化されずに身体化された記憶と、複合的アイデンティティ」、上野千鶴子編『脱アイデンティティ』勁草書房、二二八頁、二〇〇五年)

鄭暎恵はA・センと同様に、自分の意思とは関係なく、「君はこういうものだ」と誰かによって押しつけられたり、期待されたり、また状況によって運命づけられたりする「アイデンティティの政治的権力」に批判的である。

そして彼女は、近代社会と国家が押しつけるアイデンティティから自由になるために、「〝記憶の政治〟の敗者、つまり、言語化されなかったものの身体化されて疼き続ける記憶」(前掲書、二二九頁）への選択的自己同一化（アイデンティフィケーション）に（複合的）アイデンティティの可能性を探ろうとする。

しかしそうはいっても、アイデンティティに依拠することはこの抑圧／被抑圧が日常化した社会に生きる人間にとって、とりわけ不条理な被差別を子どものときから体験してきた者にとっては、生きる意味と希望とエネルギーを支える核のようなものである。

ある集会でA・センや鄭暎恵の上述のようなアイデンティティの考え方を紹介したとき、一人のがっしりした体軀の精悍な労働者風の青年が語ったことを、私は忘れるわけにはいかない。「アイデンティティを否定したら、自分がなんにもない存在になってしまいそうで、怖い」

「わたしの物語」を複数のアイデンティティで紡ぐことのできる人は、この社会のなかでは何らかの特権的存在なのかもしれない。

〈10〉市民社会がつくりだす新たな排除と差別

市民社会の社会的包摂（inclusion）が、新たな社会的な排除（exclusion）と差別を生む場合がある。一九七九年から実施される障がい児童・生徒に対する養護学校の義務化は、それまで就学猶予・免除といった名目で実質的に学習権・教育権を奪われてきた障がいのある児童・生徒に「障がいに応じた手厚い保護と教育を与え」、これまで家に閉じ込められていた不就学のたくさんの重度障がい児の生命を救ったという側面と同時に、これまで地域の普通学校・学級で障がいのない子どもたちと一緒に遊び学んでいた彼ら/彼女らを、そこから排除してしまったという側面もまた生みだしてきた。

戦後教育のなかで一九八〇年代あたりから「分けて教育する」ことが一般化し、障がいのない子どもたちが障がいのある友人や隣人に日常的に出会う機会が極端に少なくなったのは周知の事実である。障がいをもった子どもたち(友人たち)がいなくなり、均質化した一九八〇年以降の地域の学校や学級で、陰湿なイジメが日常化するようになったことの意味は、もっと掘り下げられていい。

民俗学者の赤坂憲雄は早い時期(一九八〇年代半ば)に、(八〇年代以降に顕著になる)現在のイジメの背景には、学校空間におけるこの均質化による「差異の消滅」があり、それが「相互暴力さかまくカオス的状況」を生みだしているのではないか、と指摘したものだった。

おそらく現在の学校という空間は、この差異の喪失状況を典型的なまでにしめしている。そこにはもはや、絶対的な、だれの目にもあきらかといった差異は存在しない。可視的な

差異を負った子供たちは、特殊学級や養護学校へとあらかじめ振り分けられ、排除されてゆく。養護学校義務化（一九七九年）が、かぎりなく学校という場の均質化を推しすすめたことは疑いない。

微細な差異をおびて浮遊する、分身のようによく似た子供たちの群れ。小学校のクラス集団が、仲間というより極度に緊張した孤独な群集にみえてくる、という現場を歩いたいく人かの取材記者の判で押したふうな感想も、同一の現象をさしている。差異の消滅とは秩序の危機である。

（赤坂憲雄「いじめの現在《いま》を哲学する――均質化された学校で繰り返される規則なき生け贄選びゲームの構造」、『朝日ジャーナル』一九八六年六月六日号、七二～七五頁。現在この論考は、新たに構成されなおし、大幅に加筆され、「学校／差異なき分身たちの宴――いじめの場の構造を読む」として、赤坂憲雄『排除の現象学』〔ちくま学芸文庫、一九九五年〕に収められている）

前に述べたように、「まだるっこい日常の出会いと交わり」でしか基本的には差別や偏見は克服されないという原則から考えてみると、この障がいのある子どもとない子どもの日常的な分離が新たな差別と排除を生みだしているという側面も見逃すことができない。

この分離は障がいのある者／ない者、両者にとってそれぞれの「他者」との隔離も意味する。

二〇〇〇年代初頭から開始された「特別支援教育」は、最近の多様な障がいに対応するという名目で、これまで普通学級で一緒に学んでいた子どもたちの一部分を、さらに「LD（学習障がい）」「ADHD（注意欠陥・多動性障がい）」「高機能自閉症」などといった新たに創出された「障がい」に応じて細分化することとなった。

これによって「問題児」がいなくなり学級（学校）経営がやりやすくなったという声が聞かれる一方、効率優先・弱者排除の競争社会で「障がい者」が医療によって「科学的」に増やされ、また新しい差別と排除が生みだされているという批判も起こっている（宮崎隆太郎『増やされる障害児――「LD・ADHDと特別支援教育」の本質』明石書店、二〇〇四年）。

こうした背景には、近代民衆の社会運動による人権思想の発展・普及と、後期資本主義国家システムによる民衆能力の効率的管理・搾取という二つの異質な力関係が見えないところでうごめいているのを、私たちは見落としてはならない。近代社会とはこの理念と実際の二つの表裏・陰陽の関係が一つの現実のなかに絡みあいせめぎあいながら表出している。一方だけに気をとられていると、もう一方が見えなくなる。

〝それぞれに異なった障がいをもつ子どもたちの成長と発達を保障するためには、それぞれに違った「こまやかで専門的な」ケアが欠かせない。そのために「分けて教育する」ことは、何よりもその子のために必要である。これは、障がいをもつ子どもたちのための人権保障の教育である〟。

そう信じる人も、〝激しい競争社会のなかで健常児（マジョリティ）が障がい児（マイノリティ）に邪魔され煩わされることなく、国際競争にうちかつことのできる高い学力を身につけるためには、「分けて教育する」ほうがはるかに効率がよい〟という世間や社会／国家システムの要請もまた強く存在しているという真実から目をそらすべきではない。

バリアフリーの普及などにも、そうした二つの考え方がねじれあっている。

小学校を終えると、地域の子どもたちから分けられ養護学校で教育を受けざるをえなくなった、重い障がいをもつ当事者の声に耳を傾けてみよう。

障害児ばかり区切られた世界に、こんなに早い時期から何で入らなければいけないんだよ、もっとたくさんの友だちが欲しいです。…（中略）…二〇歳になったら、僕は大学生になっているものだと子供のときは思っていたけどね、この間、療育園というところへ実習に行って、ああここが僕の終の棲家と思って、また限られた世界に死ぬまで放り込まれるのだと悲しくなりました。

僕はもっと勉強して世界中の人と障害者の生活を考える旅に出るのが夢です。それにはたくさんの人の力を借りなければなりません。みんなも貸してください。

（太田純平・町田養護学校二年A組、柴田保之『みんな言葉を持っていた――障害の重い人たちの心の世界』オクムラ書店、一〇〇～一〇一頁、二〇一二年に所収）

太田純平は現在二二歳。養護学校を終え、地域の療育施設に通所している。大学生になる夢はかなえられてはいない。しかし、小学生の頃、純平の言葉によるコミュニケーション回路を切り開いてくれた研究者の柴田の大学に時折出かけていって、柴田の助けを借りて同世代の学生たちに機械（パソコン）を通して語りかけている。

先日、柴田の研究室で会ったとき、純平はオランダに行きたいと言った。純平にとって「大学」も「オランダ」も、彼の深い内面の〈闇〉の部分とつながっている点のように小さな灯り窓なのだ。そう思うと、聞いているほうも純平の〈闇〉に吸い込まれていかざるをえなくなる。

昨年（二〇一一年）の夏の終わりに、アフリカへ行きたい、アフリカへ行きたい、という信じがたいような夢を私たちに語りかけて久しい利光徹の情熱にほだされて、そんなら行ってみるかと、一〇人の若者たちと一緒に彼の車椅子を押してアフリカ（タンザニア）の大地を歩いてみた。

アフリカの村や町を、障がい者との出会いを求めて地を這うように歩きつづけた利光徹が、〝ああもう死んでもいい！〟とつぶやくのを聞いたとき、私たちは彼の長く深い〈闇〉に少しつながったかなと思ったものだった。

いつだったか、「教育」の授業で学生たちが真剣に現代の学校でのイジメについて議論しあっていたときのこと。たまたまそこに利光も居合わせていた。利光はイジメについて、言葉を絞り出すようにしながら、こう語ったものだった。

「イジメられたり、差別されたりすることから逃れるよりも、僕はいろんな人たちと一緒にいたほうがいい。誰からもイジメられることもないほどに、当たり前の社会から分けられてしまうほうが、怖い」

これはある意味で「怖い」考え方だ。この言葉は、重い複合的な障がいをもって、つねに分離と隔離の対象とされながらも、それに抗って現実社会を生き抜いてきた利光徹の〈闇〉の深さが生み落としたものだろう。

だが、今日の学校現場での子どものイジメは、かつてのコミュニケーションの一形態のようなイジメではなく、利光のような誰の目にも明らかな差異をもった子どもたちが早くから排除され、差異をかき消された分身のようによく似た均質な群れ（子ども集団）による、どうでもいいような、ほんのわずかな差異をもった個人に対する「全員一致の暴力ないし供儀」（赤坂・前掲書）に変質していることに、利光は気づいていただろうか。

いま利光徹は、家や施設に閉じこもりがちな若い障がい者たちに向かって、〝行きたいところへ行け！　やりたいことをやれ！〟と挑発して歩いている。障がい者の〈闇〉の社会化・政治化の戦士のように。

「優生包括・劣生排除」を掲げる高度生殖技術や産業もまた、障がい者や病人に対する新たな差別、新たな「優生思想」を私たちの社会にもたらしている。

原子力工学・遺伝子工学といった超高度科学技術が人間の生命や自然に対して取り返しのつかないようなリスク（潜在的副作用）を内包し、それが私たちの社会に深刻な「新たな差別」を生みだすのではないかということは、早くから指摘されていた。

それが二〇一一年三月一一日の超大地震と津波によってもたらされた原子力発電所の爆発事故で現実のものとなった。

放射性物質の恐怖が人びとを分断し、妻と夫、子どもたちと親たち、生産者と消費者、都市と農村・漁村、人と動植物……を引き裂いている。逃げられる人と逃げられない人、残る人と去る人、被曝する人と被曝を免れる人……、人びとは互いに引き裂かれている。福島県やその近辺では、自然に抱かれて育つ子どもたちが自然から引き離され、屋内に閉じ込められている。チェルノブイリの子どもたちのように。

限りない「豊かさ」と「快適さ」とを求め、「安楽への全体主義」（藤田省三）のみちをたどり、私たちは取り返しのつかない新しい差別と排除を生みだした。

「原発は差別の問題です」と語る小出裕章（京都大学原子炉実験所助教）は『原発のない世界へ』（筑摩書房、二〇一一年）の最後のページでこう語っている。

> 世界人口のたった4分の1の人間が地球のエネルギーのほとんどを消費しているということ、そして日本では原発によって誰かが苦しめられているということが見えるようになれば、少しは人びとの判断や行動も変わってくるのではないでしょうか。
>
> （前掲書、一九〇頁、二〇〇七年の発言）

これは小出の五年前の発言である。三・一一を経験したいま、小出はこう語っている。

> まず原発事故さえなければこの事故（放射能汚染）はなかったのです。そして原発は田舎に建設されます。つまりそこには差別があるのです。過疎地の福島の原発の電気は巨大都市東京の繁栄を支えたのです。その社会を受け入れてきた責任が、私をはじめとする大人にあります。
>
> （小出裕章・中嶌哲演・槌田劭『原発事故後の日本を生きるということ』農文協ブックレット、二二ぺ

――ージ、二〇一二年）

三・一一のあと、福島県では一六万三四九人（県内九万七七三九人、県外六万二六一〇人）の県民が自宅に戻れず「原発難民」となっている（二〇一二年二月現在の数字）。

福島県民をはじめとする何十万・何百万もの人たちが目に見えない放射性物質の恐怖のもとで苦しみおののき、被害者同士が引き裂かれつづけている。

そんななかで、懲りもせずに、まだ目先の利益と快楽を追い求めつづけようとする巨大システムの支配者たちは、原子力発電所の再稼働を決定した。天に向かって唾するような愚行としか言いようがない。原発被災者たちの〈闇〉は深まるばかりである。しかし、新しい状況も生まれている。何十万、何百万という人たちが、反原発・脱原発に向かって動きだした。自分で考え、自分で自分の生き方を決めようとする人たちである。

私と私たちの分身のような「市民」による、マイノリティ市民への「剥き出しの憎悪・差別」（hate crime）と、それに共感を送るこれまた私と私たちの分身のようなネット上での匿名「市民」の存在が、最近、社会問題化するようになった。

日本の植民地支配の歴史とかかわって固有の歴史をもつ、私たちの隣人であるマイノリティ

（被差別少数者）に対して「われわれ日本人からさまざまな特権を奪って、われわれ以上に豊かにのうのうと暮らしている在日などの外国人は許せない。連中はみんな犯罪者ばかりだ。日本から出ていけ！」、「あいつらは保護されすぎている。生活保護などもってのほかだ！」……と、メガマイクの宣伝カーやインターネットを駆使して罵詈雑言を投げつけ、誹謗中傷を続ける「在特会」（在日特権を許さない市民の会）の人たちを、自らの疎外感・孤独感の代償行為のように姿を隠して応援しつづける膨大な数の匿名「市民」たちの存在。

街頭やネット上で在日外国人（とりわけ韓国・朝鮮人）や障がい者や被差別部落の人たち、また国家に抗して自分の意思を主張する知識人や労働組合などに向けられる、「在特会」とそれにエールを送りつづける匿名の「市民」たちとによる、初めから反論の回路を閉ざした「剥き出しの憎悪と差別の言辞」（時として暴力行為にいたるときもある）は、もはや批判などというものではない犯罪（ヘイト・クライム）である。

彼ら／彼女らはいかなる市民なのだろうか。在特会の行動に密着しすぐれたルポルタージュを書いたジャーナリストの安田浩一の文章を引用してみる。

――――

在特会とは何者かと聞かれることが多い。そのたびに私は、こう答える。

あなたの隣人ですよ――。

――――

人の良いオッチャンや、優しそうなオバハンや、礼儀正しい若者の心のなかに潜む小さな憎悪が、在特会をつくりあげ、そして育てている。街頭で叫んでいる連中は、その上澄みにすぎない。彼ら彼女らの足元には複雑に絡み合う憎悪の地下茎が広がっているのだ。

そこには「差別」の自覚もないと思う。引き受けるべき責任を、すこしばかり他者に転嫁しているだけだ。そうすれば楽だし、なによりも自分自身を正当化することができる。

（安田浩一『ネットと愛国――在特会の「闇」を追いかけて』講談社、三六四～三六五頁、二〇一二年）


彼らは「ネット右翼」（ネトウヨ）と呼ばれているようだが、彼ら／彼女らが何事につけ「日本国家」「日本人」という「愛国」の言辞を弄するのは、安田に言わせれば「何も持ち得ぬ者にとって『愛国』は唯一の存在証明にもなる。…（中略）…在特会を見ている限りにおいて、愛国心とは寂しき者たちの最後の拠り所《よりどころ》ではないかと感じてもしまうのだ」（前掲書、一三八頁）ということのようだ。

人はみな自由であり平等であり、一人ひとりがみな人間としての尊厳と権利をもっている。一人ひとりが違った個性をもち、それぞれの個性は等しく尊重されなければならない。そして、誰もが自由に自分の考えを発表・発信することができ、努力しだいで自分の能力を存分に発揮することができる。競争は平等だ……。それが私たちの平等で民主的で自由な社会だ。――そんな表向きの観念が広がったなかで私たちは生きている。私たちは、とりわけ若者や子どもたちは生まれたときから、学校教育やマスコミ報道や政治などによって、そういった表向きの観念を詰め込まれてきた。

しかし流布される観念と現実の生活は異なる。とりわけ、グローバリゼーションのもとで厳しい個（人）的競争と自己責任とを核とする新自由主義的原理が行政・企業・学校教育・福祉などに導入されるようになって以来、私たちの現実社会は格差社会へと傾斜していき、一人ひとりが孤立・無縁の関係のなかに落とし込められていくようになった。

そして、かつて私たち一人ひとりが何らかの〈危機〉や〈苦難〉に落ち込んだときに支えになってくれた家（家族）、地域共同体（コミュニティ）、企業の福利システム、社会福祉政策……などのセーフティーネット（生命・生活を保障しあう人間的・社会的関係）は、すでにずたずたに切り裂かれてしまっている場合が多い。

家族が解体して親身に受容してくれる人間関係をどこにももたない子どもたち、肉親からの虐待で自己肯定感をもてないでいる子どもたち、派遣労働にも就けないうえ生活保護からもはじきだされる若者たち、親や教師や世間から競争による個人的達成だけを求められ、他者（友人や社会）との関係のなかで人間化・社会化する能力を麻痺させられていく子どもや若者たち、生活困難におちいっても「不正受給者探し」という「相互監視社会」で、外国籍の市民をも含むすべての人に保障されているはずの生活保護の適用や準用（外国籍の場合）すら申請できずに餓死していく人たち、利益最優先のために派遣・臨時職員・パート・下請けなどといった不安定雇用形態を一般化し、少数の正規労働者には非人間的な長時間労働を強い過労死も辞さない企業体……。

太陽のない、地面のない、密閉された小さなケージのなかで、青白い人工の光の下でうごめく分身のような他者の群れ……、鉄とコンクリートの巨大な養鶏場のストレスをためた、添加物のかたまりのような餌で肥えた鶏たちが、ちょっとした差異をもった仲間たちに襲いかからなければ自らの生命の保持すらままならない、といったそんな構図を、今日の子どもたちのイジメや若者たちの無差別殺人や「ネット右翼」と呼ばれる人たちの隣人へのヘイト・クライムに、私は見てしまう。

顔の見えない「市民」による、顔の見える市民（隣人）への憎悪と差別……、市民社会とは一人ひとり違った顔をもった独立した個人が相互の安寧と自由と幸福の実現のために、自分とは違う人たち（隣人）をも受け入れあおうとする、言葉の正しい意味での寛容（トレラント）な社会のことではないだろうか。

第3章◆関係の貧困／孤絶の文化から〈現場〉体験へ

1 日本の子ども・若者の自己評価の低さについて

◆「関係の貧困」と「孤絶の文化」

人生は危機に満ちている——危機を乗り越えるための文化装置

人の一生を考えてみれば、危機の連続であることがわかる。私たちの誕生以前からすでに危機は始まっている。受胎して母親の胎内にしっかりと着床するまではつねに流産の危機に見舞われる。妊娠して三～五か月頃に妊婦が実家の母親から送られる帯をお腹に巻く「帯祝い」の習俗文化などは、共同体への懐妊のお披露目のようにいわれているが、その本当の意味は家や村の存続につながる親子二つの生命の危機に対処するための「文化の装置」だったのではないか。

乳幼児死亡率のきわめて高かったかつての日本社会では、七歳前の子どもは「七つ内は神の内」といわれ、死んでも一族の墓に入れられず、七歳の「氏子入り」（コアラタメ）の儀礼を経て宮座帳への登録が認められ、初めて共同体のメンバーとして受け入れられる場合が多かった。

この七歳の「氏子入り」の儀礼は「七所《ななとこ》雑炊」や「七軒がゆ」と呼ばれる、七歳になった子どもが家人からお箸とお茶碗を渡され、近隣の七軒の家々をまわって雑炊やお粥をもらって食べる行事と連動していた地域もあり、子どもたちはその試練に耐えることによって社会的・共同体的な存在としてのステイタス（といっても、成人式前はまだ半人前のステイタスだが）を得ることができたものだった。

日本の習俗ではそのときから「子ども時代」に入り、やがて子ども時代に別れを告げ（子ども時代を死んで）大人として再生する、人生のもっとも重要な儀礼（文化装置）の一つである一五歳前後（数え年）に行われる成人式（成年式・成女式）を乗り越えて、初めて一人前（一丁前）の大人（若衆）となることができ、共同体のフルメンバーとして受け入れられたのである。

成人式が「死と再生」の儀礼と呼ばれるゆえんである。成人式は、個体（子ども本人）の危機、家族の危機、共同体の危機といった三重の危機を克服するために、人類が創造したきわめて重要な文化の装置だった。古今東西、成人儀礼の文化を創造しなかった民族（民俗）社会は存在しなかったのではないか。

この文化儀礼が子どもから大人に向かう若者たちに、自分と社会（共同体）、自分と他者や神々や祖霊などとの不可避の関係をとことん問いつめるどのような肉体的・精神的試練を課したかは、民俗学や文化人類学が明らかにしてくれている。

藤田省三がいうように、かつての子どもたちの遊び（隠れん坊や鬼ごっこなど）には成人式のエキスが溶かし込められていて、子どもたちはそれとは知らずに遊びを通して、「死」「別れ」「孤立」「漂泊」「流浪」といった人生の危機の疑似体験を繰り返し「経験の胎盤」を身体に取り込んだものだった（藤田省三「或る喪失の経験——隠れん坊の精神史」、『精神史的考察』平凡社ライブラリー、二〇〇三年、初出一九八一年）。

「花いちもんめ」も「かごめかごめ」などの遊びも、やがて確実に誰もが遭遇する人生の本当の危機（危機の本番）を乗り越えるために生みだされた文化だったに違いない。

文化人類学者の山口昌男はこれを「危機に直面する文化の仕掛け」と呼び、こうした文化論を最初に語ったのはイタリアの作家で山口の友人でもあるウンベルト・エーコ（一九三二年〜）だったと書いている。そこで山口はエーコの「文化の創造性というのは元々、危機を排除するのではなく危機に直面する技術である」（山口昌男『学問の春——〈知と遊び〉の10講義』平凡社新書、二〇〇九年）という言葉を紹介している。

そういえば「文化」(culture；kultur 「耕す」に由来する言葉) という言葉自体が、人類社会が「飢えによる生存の危機」に直面したときの、そして再び三たび直面するときに備えるための生存の技術と深くかかわっていることは想像にかたくない。

破壊と孤立の文化のなかで

私たち一人ひとりの危機も人間社会の危機も人類の危機も昔と変わらずに、否、それ以上に深刻な危機として存在するにもかかわらず、私たちには危機が見えなくなっている。それは、教育や技術や開発(発展)や物質的な「豊かさ」によって、自分の人生や人間社会や人類の危機は回避できる(かつての危機は危機ではない)という錯誤がもたらしている危機である。「危機に直面する文化」の崩壊と呼んでもよい。

過去五〇年ほどのあいだに私たちの社会を襲った(私たちが危機と直面するためにではなく、危機を回避し排除するために受け入れた)急激な「工業化」「産業化」「経済成長」「市場化」「グローバリゼーション」「欲望と欠乏感と競争に駆り立てる消費文化」「脱政治という政治化」「暴力と裏腹の教育・保護・管理」……によって、一人ひとりの人生と人類の真の危機が見えなくなってしまったのである。

危機が見えない。危機が忘れられようとしている。危機が意味をもたなくなった。これは危機なのか、危機ではないのか。「経済の貧困」に危機を感じる人は少なくないが、他者や自然との「関係の貧困」に危機を感じている人は多くない。（生田武志「究極の貧困をどう伝えるか――経済の貧困と関係の貧困と」、宇都宮健児＋湯浅誠編『反貧困の学校――貧困をどう伝えるか、どう学ぶか』所収、明石書店、二〇〇八年）

とくに、日本の子どもや若者たちを苦しめている「関係の貧困」「関係の危機」は尋常なものではない。社会的人間として生きていくかぎり不可避の人生の危機と対峙し、それを乗り越えていくためのかつての文化の装置（制度）がほぼ完全に崩壊している現在、かれらは素っ裸で一人ひとり孤絶したまま人生の危機に翻弄されている。

かれらは人生の「危機に直面する技術（文化）」（エーコ）と「経験の胎盤」（藤田）を身につけるチャンスを与えられていない。

かれらの人間的・社会的成熟を支えてくれるはずのセーフティーネット（家族・職場・地域・福祉社会などの相互扶助網）がずたずたにほころんだ社会にバラバラに投げ出され、非人間的な小さなパイを非人間的な方法で手に入れるために、危機の克服を助けてくれる「文化の創造性」などとは無縁な、壮絶な「就職競争」／「学力競争」（破壊と孤立の文化）を強いられている。

日本の子どもと若者たちに自らの内面の力と人間化の可能性をそれとなく暗示してくれる「他者」や「世界」が遠ざかり、自分自身への信頼と自信が失われていく。他者や世界と向きあい、他者や社会との関係を自らもかかわってつくり変えていく、つまり社会変革への「参加」の機会を保障されることは、他国の青少年と比較してきわめて少ない。

日本の子ども・若者は、いま——〈資料〉の紹介・読み解きとともに

新聞や雑誌に日本の子ども・若者と諸外国の子ども・若者との「自信力」「自信度」「自己評価」「自尊感情」などの比較（国際比較）の調査結果がしばしば掲載されるようになり社会問題化するのは、一九九〇年代に入ってからのことである。つまり、八〇年代の「個人化の時代」（このあとの論稿「2　学びへの誘いとしての〈現場〉体験」を参照）にその素地は固められていた。

いま私の手許にある最近の新聞・雑誌・書籍などに掲載された「国際比較」の記事や図表のいくつかを以下に紹介する。

❶ 新聞記事「21世紀に希望もてない　日本の中高生の6割〈青少年研調査・米仏と対照的〉」（朝日新聞、二〇〇一年八月一日）

❷—1　グラフ「自分はダメな人間だと思う」（二〇〇八年調査）……中学生・高校生の生活と意識調査報告書（財団法人 日本青少年研究所、二〇〇九年三月発行）

❷—2　グラフ「私は価値のある人間だと思う」「私は自分を肯定的に評価するほう」（二〇一〇年調査）……高校生の心と体に関する調査報告書（財団法人 日本青少年研究所、二〇一一年三月発行）

❸　新聞記事「大学生の『自信力』低調『充実感がほしい』でも、迷いや不安〈慶大教授が首都圏2千人アンケート〉」（朝日新聞、二〇〇五年七月五日）

❹　グラフ『孤独を感じる』と答えた15歳児の割合の比較〈ユニセフ二〇〇七年調査〉」（古荘純一『日本の子どもの自尊感情はなぜ低いのか――児童精神科医の現場報告』光文社新書、八六頁、二〇〇九年）

❺　グラフ「オランダ現地校・日本人学校・日本の学校のQOL得点の比較」（古荘、前掲書、九八頁）

❻　新聞記事「一人親家庭54％『貧困』主要30か国中最悪〈厚労省調査〉」（読売新聞、二〇〇九年一一月一四日）

❼　新聞記事「18歳成人『反対』6割『精神的に未熟』59％〈本社世論調査〉」（読売新聞、二〇〇九年四月二〇日）

❽—1　新聞社配信記事とグラフ「児童虐待の摘発状況」「〈児童虐待〉過去最多248件　今年上半期摘発」（毎日新聞、二〇一二年九月六日配信）

❽—2　グラフ「児童虐待相談の対応件数及び虐待による死亡事例件数の推移」（厚生労働省、二〇一〇年度

統計）

❾ 新聞記事「小中高生の暴力6万件――08年度 3年間で7割増」（朝日新聞、二〇〇九年一二月一日）

❿ 内閣府調査報告「若者の意識に関する調査（ひきこもり調査）骨子」（内閣府、二〇一〇年七月二三日発表、内閣府ウェブサイト）

⓫ グラフ「仲裁者の出現比率の推移」「傍観者の出現比率の推移」（森田洋司『いじめとは何か――教室の問題、社会の問題』中公新書、一三九頁、二〇一〇年）

❶～❺は、日本・アメリカ・フランス・中国・韓国などの子ども・若者の「自己認識や自己評価に関する国際比較」の結果を表示している。日本の子ども・若者は驚くほど自己評価が低く、そして一人ひ

図❶

「21世紀に希望もてない」

日本の中高生の6割

青少年研調査 米仏と対照的

日本の中高生の6割は「21世紀に希望を持てず、人生目標も、地位や名誉、社会貢献より「楽しんで生きること」を一番に考えている――。そんな結果が、財団法人日本青少年研究所（東京都新宿区）などが実施した「新千年生活と意識に関する国際比較調査」でわかった。

調査は昨年7月、日本（東京）、韓国（ソウル）、米国（ニューヨーク）、フランス（パリ）の4カ国の中学2年と高校2年の男女、各国約千人に実施した。

「21世紀は人類にとって希望に満ちた社会になるか」という問いに、日本は62%が「そう思わない」と答え、米では86%、韓国は71%、仏は64%が「そう思う」と答えた。

また、21世紀に「社会で努力すれば成功のチャンスはあるか」という問いには「思わない」が30%、「将来の私は今より立派になっているか」という問いにも36%が「そう思わない」と答え、ほかの3カ国に比べ最も否定の回答が多かった。

これに対し、人生目標を尋ねた項目では「人生を楽しんで生きる」がトップの62%。韓国（35%）、仏（6%）、米（4%）とは大きな差が出た。米でトップ（41%）だった「高い社会的地位や名誉を得る」は、日本ではわずか2%。仏でトップ（32%）だった「円満な家庭を築きあげる」も17%だった。

（朝日新聞2001年8月1日）

図❷－1

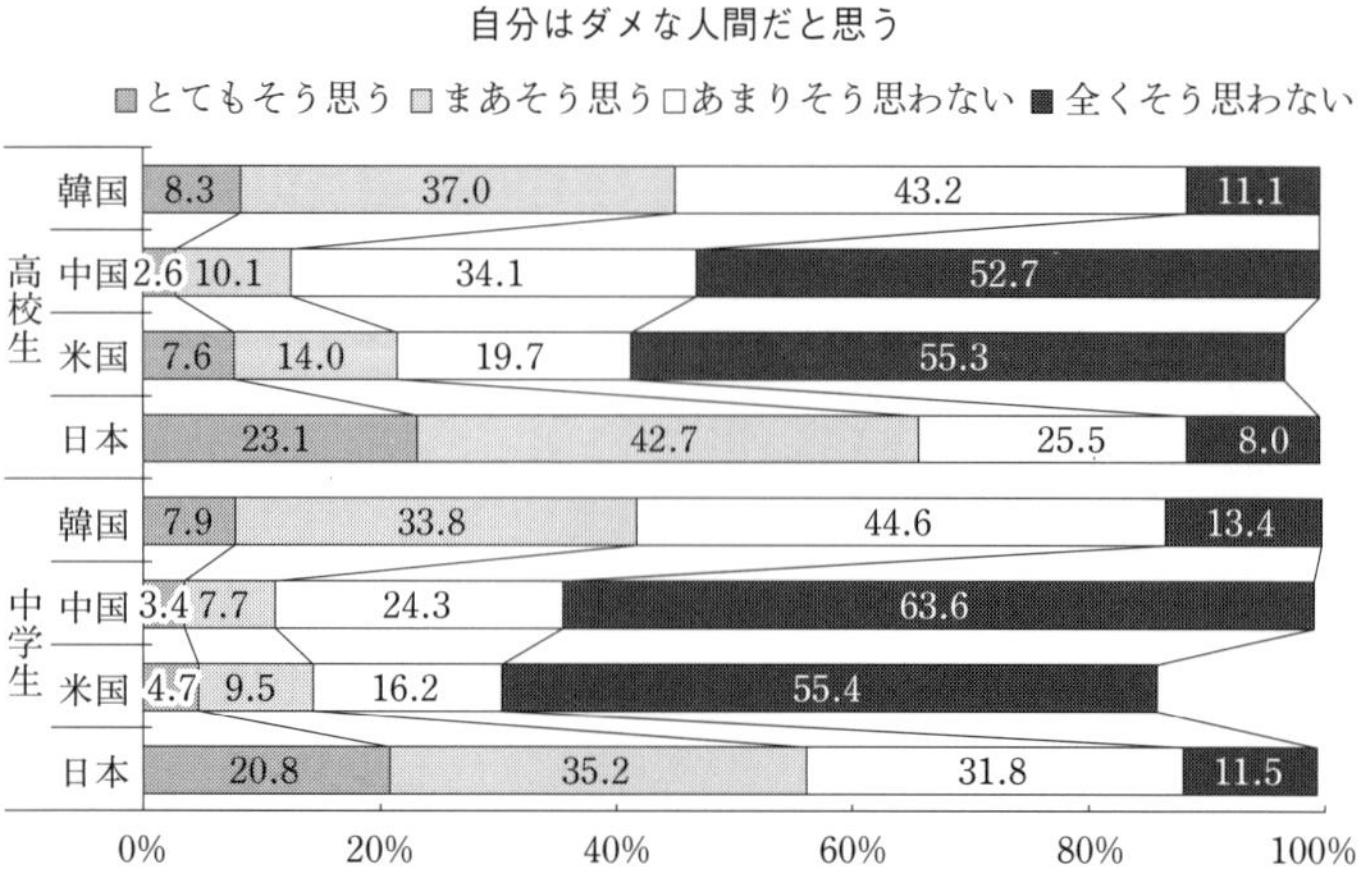

中学生・高校生の生活と意識調査報告書（財団法人 日本青少年研究所）

とりが孤立している様子がうかがえる。ここでは取り上げなかったが、「疲れている」と答える子ども・若者も世界のトップクラスである。

子ども・若者の「自尊感情」「自信度」「自己評価」などの国際比較が新聞紙上などを賑わすようになるのは、一九八〇年代後半から九〇年代にかけて、そしてそれ以降のことである。その理由については本書の各所で触れたつもりである。若い彼ら／彼女らを取り巻く状況が、そうした傾向に彼ら／彼女らを追い込んできたのである。

❶、❷―1、❷―2の記事やグラフは、財団法人日本青少年研究所（東京都新宿区・千石保所長）のさまざまな「調査報告書」に基づいている。同研究所の二〇一一年の高校生対象の調査だが、日本・アメリカ・中国・韓国の比較調査で「外国に行ったことがある」と答えた高校生は日本が最高

図❷－2

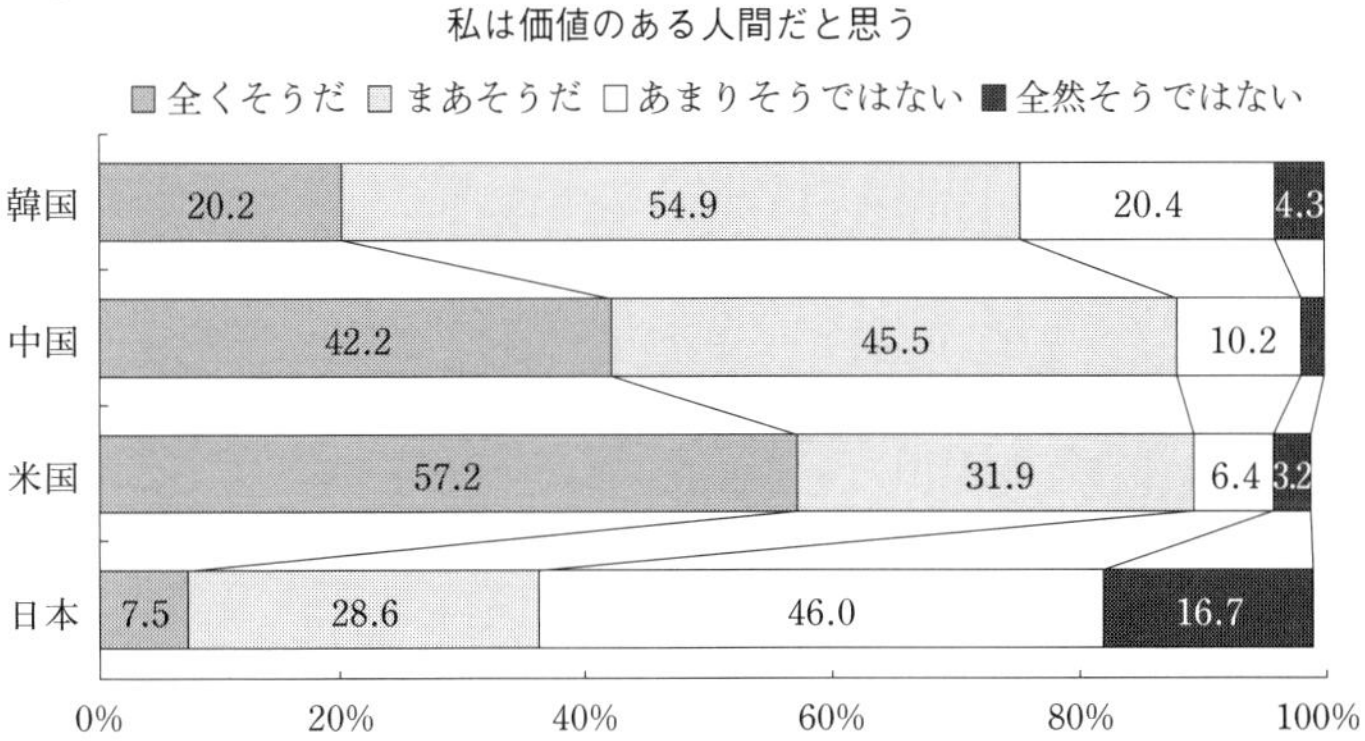

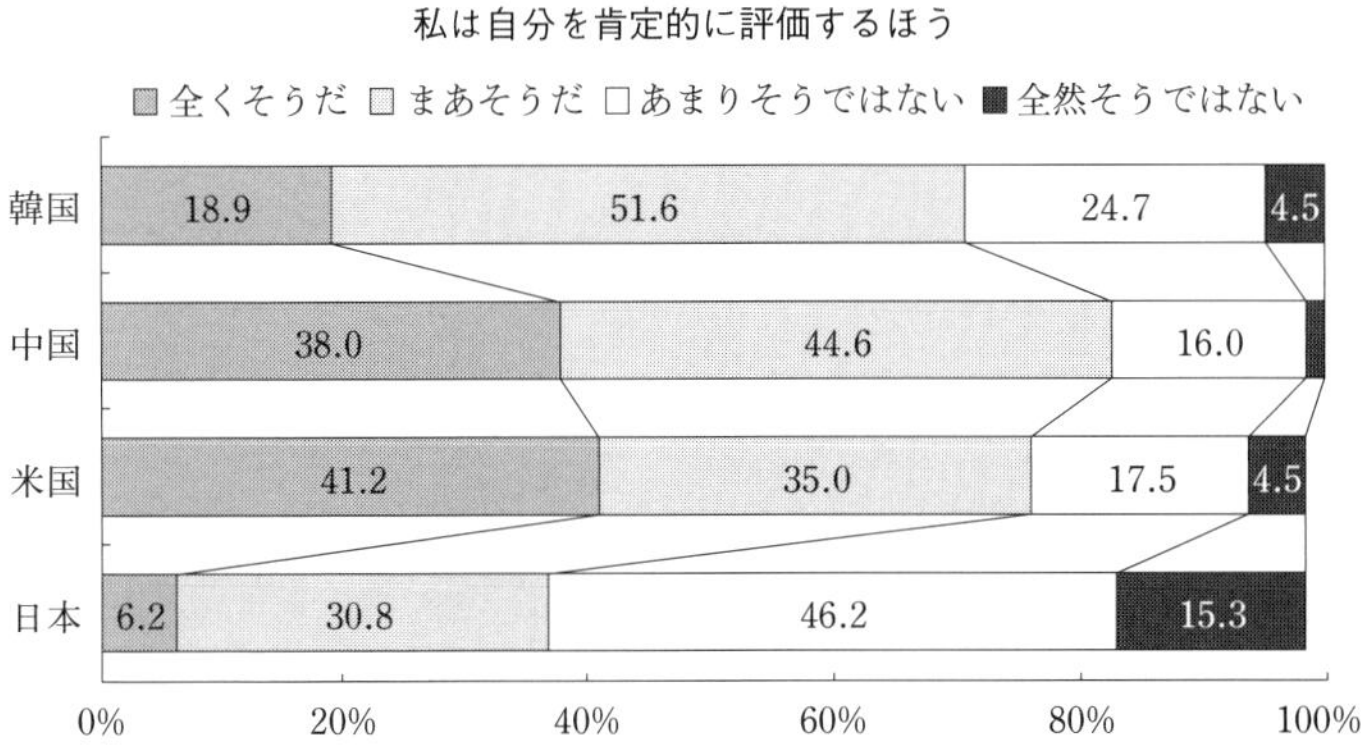

高校生の心と体に関する調査報告書（財団法人 日本青少年研究所）

図❸

大学生の「自信力」低調

慶大教授が首都圏2千人アンケート

「充実感がほしい」でも、迷いや不安

日本の大学生の「自信力」って？　慶応大学の河地和子教授（社会学）が約2千人に聞いた調査で、現代の学生は充実した学生生活を送りたいと願っているが、迷いや不安があり、他国の中学生よりも自信がないことがわかった。「きっかけがあれば、前に進めるはず。自分を変えよう」と河地さんは提案する。（平塚史歩）

3カ国の中学生と比較

「自信力」とは、「自分を肯定的・積極的に受け入れる自尊感情」のこと。

調査のきっかけは「学生はまじめになっているが内向きで自信がない。なぜだろう」という疑問だった。

03年4月～今年3月、首都圏9校の大学生2104人を対象にアンケートを実施。93人には面接もした。

判定は心理学で使われるローゼンバーグの「自尊感情測定テスト」を用いた。「全体として、私は自分に満足しているような気がする」「私は人並みにいろいろなことをする能力があると思う」「時々、自分は役立たずだと思う」などの8項目に1～4点で答え、加算、32点満点で評価する。

河地さんは00～02年、日本、アメリカ、スウェーデン、中国の中学3年生にも同様の調査をして本にまとめている。今回、それと比べるため、6項目について自分を肯定的にとらえている答えをした割合を足した＝グラフ上。「自信力」が高いほどグラフも高くなる。日本の大学生は、中学生よりは高いが、他国の中学生には及ばなかった。

面接では、「いじめにあっていたクラスメートを助けられなかった」「母に依存していると思うが、離れられない」などの悩みや、自分の性格を「投げやり」「優柔不断」「自分の意見が言えない」などと分析する傾向が見られた。

また、「遊んでいても後ろめたくて」「不安があったから楽しめない」などのコメントが目立ち、「怠けている自分に対する罪悪感や、そこから抜け出したいという気持ちが強いことがわかった」という。

「外部社会と接触を」

普段の勉強時間は、75%が「1時間未満」「何もしない」と回答。勉強時間が少ないほど、自信力も低かった＝グラフ下。

「日本の大学は学生を遊ばせすぎ」などの声が出る一方、改善法として、82%の学生が「教員が学生と授業外でもコミュニケーションをとる」をあげた。

河地さんは、教員に対して、①学生参加型・ワークショップを取り入れた授業②学生が外部社会と接触する機会や場の提供、などを提言。学生に対しては、①アルバイトなど何をするにも目的を持つ②1、2年のうちから自分でネットワークを作る③授業中、質問することを自分で決めて実行する、などを提案する。

「確かに学生には甘えもあるが、多くがもっと勉強したい、自分を変えたいと思っている。わずかなきっかけで、大きく成長するはず」と話している。

調査の結果は『自信力が学生を変える』（平凡社新書）にまとめられている。

（朝日新聞2005年7月5日）

（五八・一%）だったが、「外国へ留学したいと思わない」と答えた高校生も最高（五二・三%）だった。これなどは高校生の意識というよりも、日本の教育や社会や企業のこれまでのあり方と深く関係している問題だろう。

❸は、社会学者の河地和子による大学生の意識調査結果を紹介した新聞記事である。中国、アメリカ、スウェーデンの中学生と比較して日本の中学生の「自信力」（自分を肯定的・積極的に受け入れる自尊感情）がきわめて低く、それは日本の大学生の「自信力」の低さとぴったりと重なっているさまが指摘されている。

❺のグラフは、オランダ現地校の生

図❹　「孤独を感じる」と答えた15歳児の割合の比較（ユニセフ2007年調査）
上位3カ国、下位3カ国と主要国

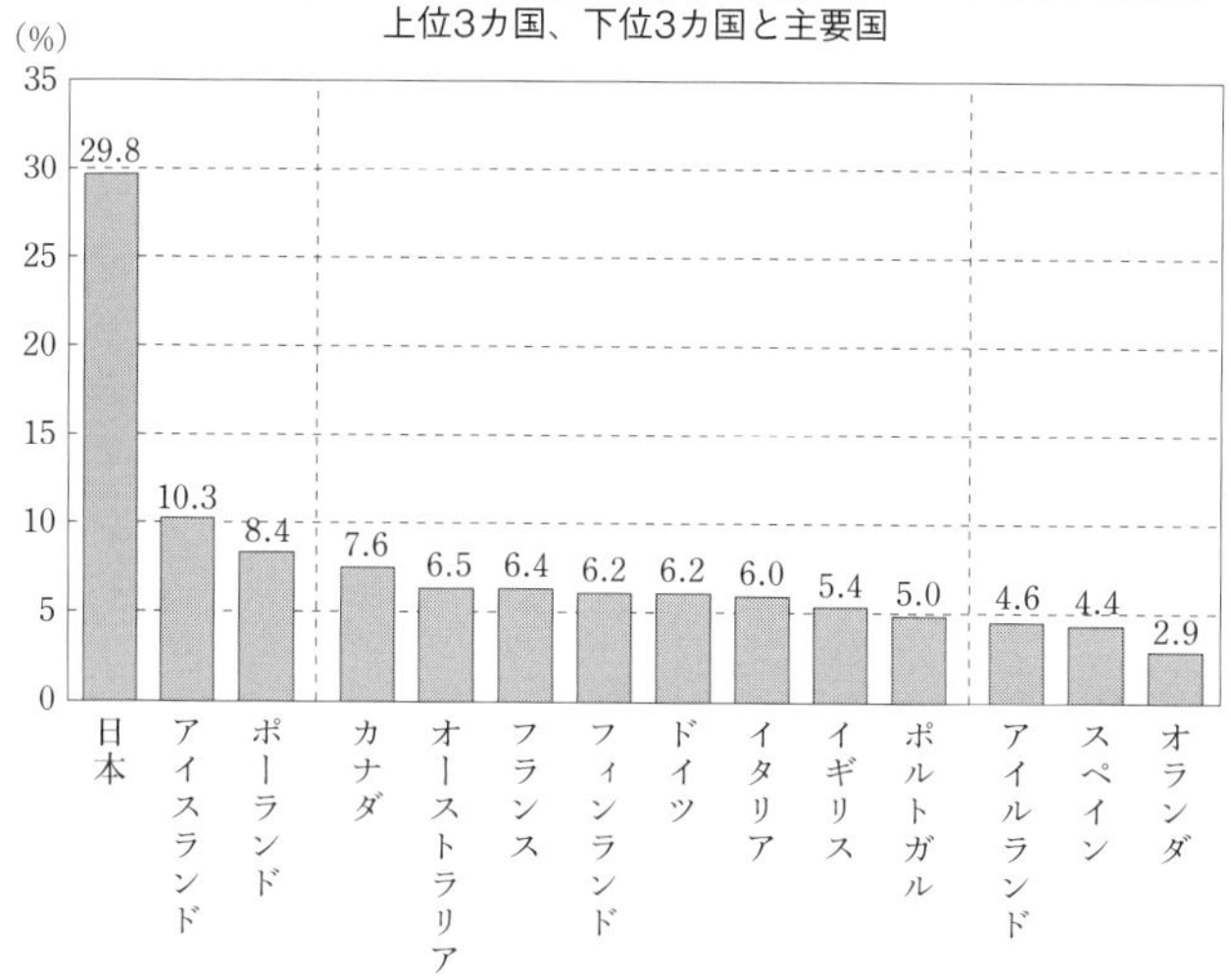

図❺　オランダ現地校・日本人学校・日本の学校のQOL得点の比較

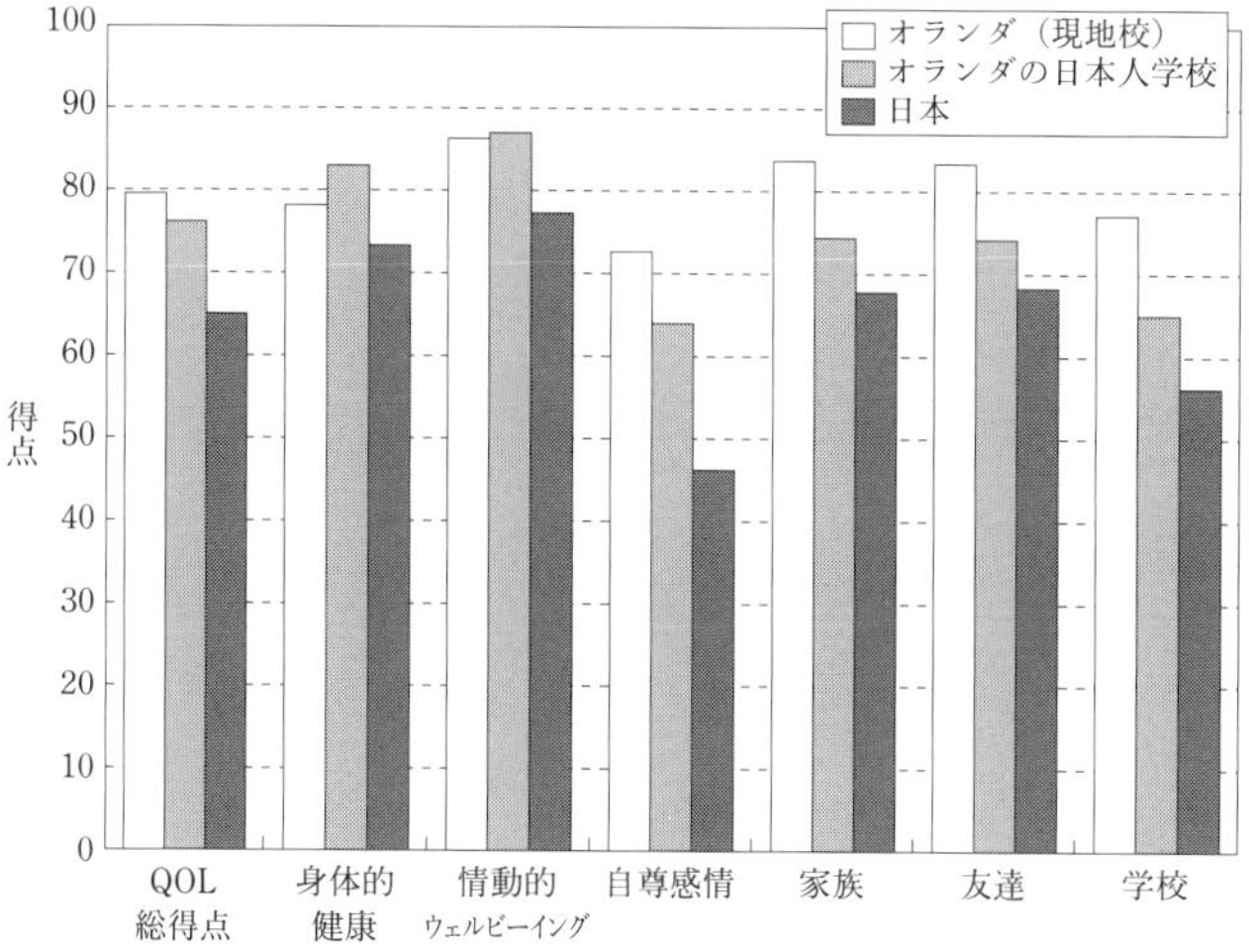

古荘純一『日本の子どもの自尊感情はなぜ低いのか』光文社新書

徒と在オランダ日本人学校の生徒、それに日本国内の学校の生徒であるいずれも八〜一四歳の子どもたちの「生活の質」を「QOL比較尺度」（詳しくは古荘純一の前掲書を参照）を用いて比較したもので、得点数が高いほど子どもたちは生活の充実感を感じていると考えられる。とくに気になるのは「自尊感情」の低さだ。

日本の子ども・若者の自己評価が低いのは「謙遜を美徳とする国民性」に原因があると答える学生が私の教室にもけっこう多いので、短期滞在に違いないオランダ在住の日本の子どもたち（日本国民）が日本国内の日本人の子どもたちより「自尊感情」などがはるかに高く、むしろオランダの現地の子どもたちの数値に近いことを示すグラフをここに引用してみた。これは何を意味するのだろう。子どもたちが置かれている〈場〉（状況）に問題があるのだろうか。「国民性」は無視できないファクターだとしても、❹の「孤独度」の群を抜く高さと関連させてみると、問題は日本社会の硬直性・閉鎖性・孤立性といったある種の「病理」にあるとはいえないだろうか。

❻は、日本の一人親（母子・父子）世帯の「二〇〇七年の相対的貧困率」が五四・三％に達し、主要三〇か国中最悪になったことを報じた新聞記事。相対的貧困率とは、国民の所得を順番に並べたときに、真ん中の人のさらに半分の額を「貧困線」と定め、それに満たない人の割合を示したものである。

図❻

一人親家庭54%「貧困」

主要30か国中 最悪

厚労省調査

厚生労働省は13日、日本の一人親世帯の「相対的貧困率」（2007年）が54・3%に上るとの調査結果を発表した。母子家庭や父子家庭などの半数以上が貧困状態にあることになり、経済協力開発機構（OECD）の集計では、加盟30か国中で最も高い。同省は10月に国民全体の相対的貧困率を15・7%と発表したが、一人親世帯が貧困率を押し上げていることがうかがえる結果となっている。

相対的貧困率は、国民の所得を順番に並べた時に、真ん中の人のさらに半分の額を「貧困線」と定め、それに満たない人の割合を示したもの。今回貧困線は、07年の国民生活基礎調査を基に114万円とされた。

今回は、世帯主が18歳以上65歳未満で子どもがいる家庭を調べた。一人親世帯の貧困率は1998年の63・1%よりも8・8ポイント、04年の58・7%からは4・4ポイント改善したが、記者会見した山井和則政務官は「労働者全体の賃金が下がっており、相対的に貧困率が改善しているだけ」と説明した。大人が2人以上いる世帯の場合は貧困率は10・2%で、一人親世帯との差が大きかった。07年の母子世帯数は約71万7000世帯、父子世帯数は約10万世帯。

順位	国名	貧困率
1	デンマーク	6.8%
2	スウェーデン	7.9
3	ノルウェー	13.3
4	フィンランド	13.7
5	アイスランド	17.9
26	ポーランド	43.5
27	カナダ	44.7
28	アイルランド	47.0
29	アメリカ	47.5
30	日本	54.3

各国の一人親世帯の相対的貧困率

※日本以外はOECD調査で、05年前後の統計を使用。日本は07年調査で独自集計

母子家庭はより苦しい

解 厚生労働省が13日に発表した一人親世帯の相対的貧困率54・3%という数字は、一人親世帯が抱える問題を解決することが日本の貧困問題にとって極めて重要であることを示唆している。一人親世帯の半数以上が「貧困状態」となっている国は、経済協力開発機構（OECD）加盟30か国の中では日本だけだった。中でも、母子家庭の生活は苦しい。厚労省の2006年度の調査によると、母子家庭の母親の雇用形態は、パートなどが43・6%と、正社員などの常用雇用の割合（42・5%）より多い。父子家庭の父親の72・2%が常用雇用で働いているのとは対照的だ。

母子家庭になって残業や出張ができず、正社員をあきらめるために生活が困窮する例も多い。母子家庭の母親にとっては、子育てと仕事の両立が難しい現実は大きな壁だ。

生活保護の母子加算が12月から復活するのに加え、来年度から高校授業料の実質無償化を目指すなど、鳩山政権は子育て家庭への配分を増やす政策を打ち出している。しかし、一人親世帯の貧困率を改善するためには、働き方を含めた広い視野での対策が急務だ。（本田克樹）

読売新聞2009年11月14日

図❼

18歳成人「反対」6割

「精神的に未熟」59%

本社世論調査

読売新聞社が12、13日に実施した全国世論調査（面接方式）によると、民法が定める成年年齢を、現在の20歳から18歳に引き下げることに賛成と答えた人は36%で、反対は59%だった。成年年齢の引き下げの是非については法制審議会（法相の諮問機関）で検討に入っているが、今回の調査では慎重な意見が多かった。

反対は女性では64%で、男性の53%を上回った。年代別に見ると70歳以上では賛成28%に対し、反対は63%を記録した。30歳代は賛成が最も多い43%で、反対は55%だった。

反対と答えた人に理由を三つまで挙げてもらったところ「精神的に未熟だ」59%、「経済的に自立していない人が多い」51%、「引き下げても大人としての自覚を持つと思えない」「十分な判断力がない」各49%――が目立った。賛成の理由は「引き下げることで大人としての自覚をうながせる」68%、「十分な判断力がある」55%、「精神的に成熟している」30%などの順だった。

現在は20歳から認められる行為のうち、18歳から認めてもよいと思うもの（複数回答）では「選挙での投票」が46%で最も多く、「親の同意がない結婚」21%、「飲酒」17%が続いた。

2010年5月施行の国民投票法は、民法の成年年齢見直しを条件に、18歳以上に憲法改正の投票を認めるとしている。憲法改正の投票ができる年齢は18歳以上がよいと思う人は50%で、「そうは思わない」の45%を上回った。

少年法の適用年齢を20歳未満から18歳未満に引き下げた方がよいと思う人は76%に達し、「そうは思わない」は21%にとどまった。

〈質問と回答2面〉

読売新聞2009年4月20日

図❽－1
児童虐待の摘発状況

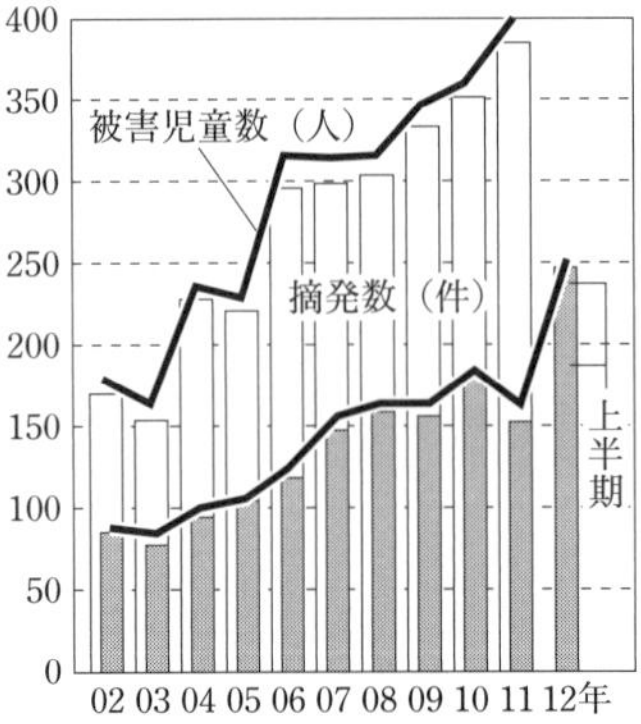

〈児童虐待〉
過去最多248件　今年上半期摘発

警察庁は6日、今年上半期（1～6月）に摘発した児童虐待が248件で、過去最多と発表した。前年同期比62.1％増で、このままのペースで増え続けると年間で最多だった昨年の384件を大幅に上回る見通し。同庁は「社会の関心の高まりから情報提供が増え、それを受けて消極的に事件化している影響」とみている。

摘発の内訳は、身体的虐待175件▽性的虐待68件▽ネグレクト（子育ての怠慢や拒否）5件。罪種は傷害（傷害致死を含む）が118件と最も多く、暴行が37件、強姦（未遂を含む）が26件、殺人（同）が16件など。検挙人数は255人で、実父が94人、養・継父が55人、実母が50人などだった。（中略）

上半期の被害児童数も過去最多の252人（前年同期比55.6％増）にのぼり、男児が101人、女児が151人。12人が死亡し、うち5人が0歳児だった。（以下略）
「毎日新聞」2012年9月6日配信

なお、二〇〇六年の「ＯＥＣＤ加盟二五か国の子どもの貧困率」比較では、日本の子ども全体の貧困率は一四・三％で、この数字は下位から一〇番目である。これらは日本の子どもたちが経済的にもけっして豊かではないことを示す数字で、とくに単親家庭の子どもたちは、あくまでも日本全体のなかでの比較だが、最悪の状態にあることを示している。これは日本がまぎれもない格差社会であることを示す。貧困率の高い日本の一人親世帯のなかで、母子家庭と父子家庭の間にまた大きな格差があることも指摘されている。

そんななかで、❽―1、❽―2のグラフと新聞社配信記事は、両親などからの

図❽－2　児童虐待相談の対応件数および虐待による死亡事例件数の推移

○全国の児童相談所における児童虐待に関する相談対応件数は、児童虐待防止法施行前の平成11年度に比べ、平成22年度（※）においては4.8倍に増加。

※東日本大震災の影響により、福島県を除いて集計した数値

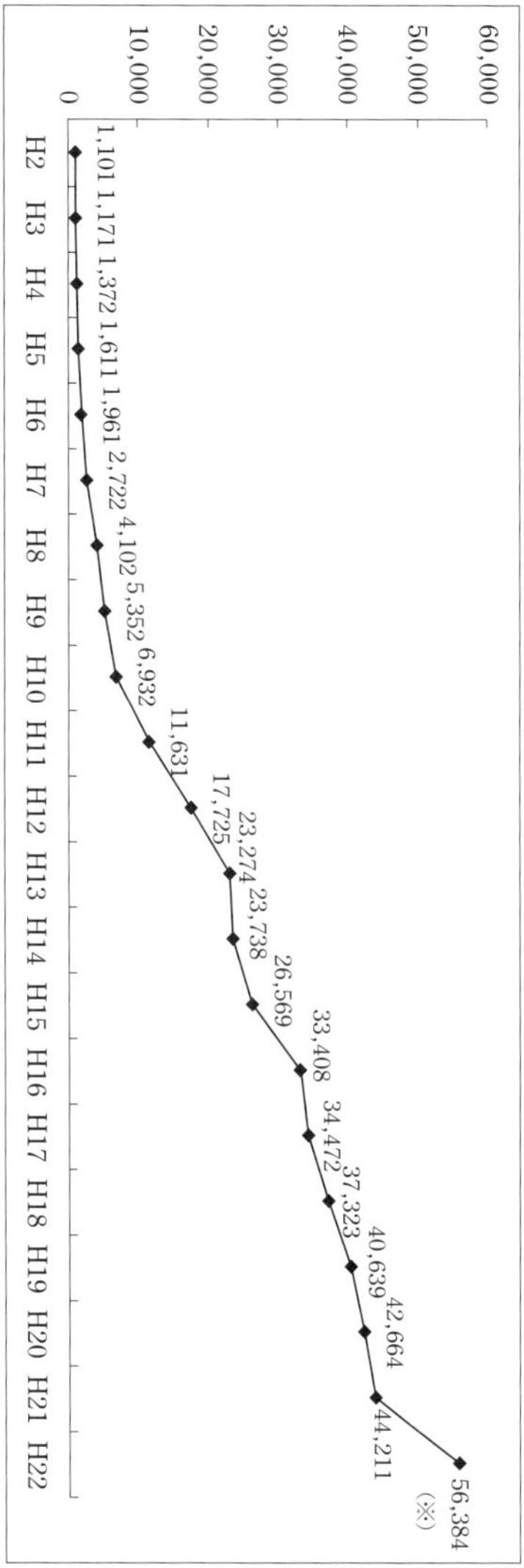

○児童虐待によって子どもが死亡した件数は、高い水準で推移。

	第1次報告 (H15.7.1~H15.12.31)			第2次報告 (H16.1.1~H16.12.31)			第3次報告 (H17.1.1~H17.12.31)			第4次報告 (H18.1.1~H18.12.31)			第5次報告 (H19.1.1~H20.3.31)			第6次報告 (H20.4.1~H21.3.31)			第7次報告 (H21.4.1~H22.3.31)		
	虐待死	心中	計	虐待死	心中	計	虐待死	心中	計	虐待死	心中	計	虐待死	心中	計	虐待死	心中	計	虐待死	心中	計
例数	24	—	24	48	5	53	51	19	70	52	48	100	73	42	115	64	43	107	47	30	77
人数	25	—	25	50	8	58	56	30	86	61	65	126	78	64	142	67	61	128	49	39	88

※第1次報告から第7次報告までの「子ども虐待による死亡事例等の検証結果等について」より

（厚生労働省2010年度統計）

子どもたちに対する虐待摘発数（身体的虐待・ネグレクト・性的虐待・心理的虐待など）が過去最多に達し、❾は小中高校生による暴力事件もまた過去最多を更新したという新聞記事である。❿は一五〜三九歳の若年層で約七〇万人もの「ひきこもり」がおり、一五五万人の「ひきこもり親和群」がいると推計する内閣府の二〇一〇年七月の発表記事である。

厚生労働省は「ひきこもりの評価・支援に関するガイドライン」（二〇一〇年五月一九日）のなかで、「ひきこもり」を次のように定義している。「様々な要因の結果として社会的参加（義務教育を含む就学、非常勤職を含む就労、家庭外での交遊など）を回避し、原則的には6ヵ月以上にわたって概ね家庭にとどまり続けている状態（他者と交わらない形での外出をしていてもよい）を指す現象概念」で、「統合失調症の陽性あるいは陰性症状に基づくひきこもり状態とは一線を画した非精神病性の現象とするが、実際には確定診断がなされる前の統合失調症が含まれている可能性は低くないことに留意すべき」であるとしている。

私が授業等で出会った学生たちのなかでは、社会的参加を急がせようとする世論に対して、「ひきこもり」を人生の次の段階に出ていくための「自己ケア」の大切な時間として評価すべきであるという意見もけっこうみられた。「社会的自己」（to do, to have）に対する「存在論的自己」（to be）への評価である（このあたりの理論は、芹沢俊介『「存在論的ひきこもり」論――わたしは「私」のために引きこもる』雲母書房、二〇一〇年を参照）。

図❾

2月1日　火曜日　朝日新聞　1892年3月11日第3種郵便物認可

小中高生の暴力6万件

08年度 3年間で7割増

全国の小、中、高校が2008年度に確認した児童生徒の暴力行為は5万9618件と、前年度比で13%増、7千件近く増えて過去最多を更新したことが、30日に文部科学省が発表した「問題行動調査」でわかった。学校別では小学校で24%増、中学校で16%増と著しい。報告件数はこの3年間で1・75倍になった。（青池学）=39面に関係記事

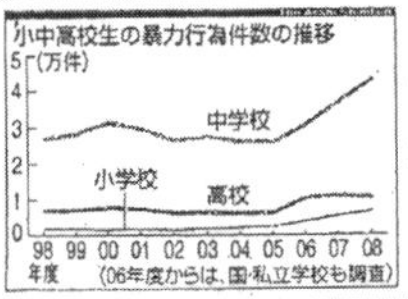

暴力行為の調査は、国公私立の全小中高校約3万9千校を対象に実施した。学校種別で最も多いのは中学校の4万2754件。次いで高校1万380件、小学校6484件。小中の急増ぶりの一方で、高校は前年度比で3%減だった。

暴力の対象で最も多いのは「生徒間」の3万2445件で全体の54%を占める。次いで「器物損壊」が1万7329件（29%）、「対教師」が8120件（14%）。今回新たに調べた「被害者が病院で治療した事案」は全体で1万664件で、生徒間では26%、対教師では22%が病院にかかっていた。

一方、学校が発見できた「いじめ」の件数は8万4648件で、前回から約1万6千件、16%の減。北海道滝川市の小6女子の自殺を機に06年度、文科省がいじめの定義を広げて幅広く報告を求めた時は前年度の6倍の約12万5千件に激増したが、その後2年連続で急減した。文科省は「いじめ自体が減っているのではなく、時間がたって学校のいじめ発見の取り組みに積極さが薄れ、報告が減った可能性がある」とみている。

いじめのうち、パソコンや携帯電話を使った「ネットいじめ」の発見件数は4527件で、前年度から1366件減った。

自殺した児童生徒は前年度比23人減の136人。このうち、いじめが確認されたのは同3人減の3人。学校別では高校生100人、中学生36人、小学生はゼロ。背景にあった状況として、進路問題は16人、家庭不和は13人。5割超の73人は「不明」だった。

キーワード　児童生徒の問題行動調査　全国の小中高校を対象に文部科学省が教育委員会を通じて毎年実施しているもので、暴力行為、いじめ、自殺、教育相談の状況などを調べる。全体を把握し、改善の施策を考えるのが目的。過去には、社会的な注目を集めるいじめ事件が起きると、直近の調査でいじめの報告が急増し、その後減るというパターンが繰り返されている。

小中急増　感情や行動激化か

小中高校生の暴力行為の総数は、05年度は前年度比で微減の約3万4千件。これが、06年度には約4万5千件に急増した。いじめできめ細かな報告を求めたのに合わせ、文科省が暴力についても行為の軽重を問わず報告を求めたことが背景にある。

ただ、いじめの方は年ごとに減っているのに対し、暴力行為の報告は翌07年度も増えて5万2千件を超え、さらに08年度は6万件に迫った。

文科省や教育委員会は、「感情がうまく制御できない」「コミュニケーションの能力が足りない」といった子どもの変化が背景にあるとみる。同じ子どもが何度も暴力に及ぶケースも目立つという。が、それでも、この数年の急増ぶりについては、学校現場も含めて答えを見いだせないでいる。

「子どもの思考がパターン化され、深く考えられなくなっている」と危ぶむのは、国語作文教育研究所所長として、35年間子どもの作文を指導してきた宮川俊彦さんだ。「気持ちを表現する言葉の幅が狭くなっている。表現できない出来事とぶつかった時、感情や行動が激化してしまうのではないか」

朝日新聞2009年12月1日

それはさておいて、進行する格差社会のなかで、家族や社会や国家からさまざまな〈虐待〉を受ける子どもや若者たちが、一方では、友だちや教師に、また、ホームレスなどの社会的弱者に対して暴力をふるい、一方では自傷行為、ひきこもり、ネットや薬物中毒、ケータイ依存、心の病、自死などに向かっていく構図が見えてくる。

内に向かって閉じていく子ども・若者像と外に向かって暴力的になっていく像、さらに深刻なのはこれら二つの像が時として重なる子ども・若者が見られるようになったことである。

そのような状況に置かれている子どもや若者を、世論はいまだに「精神的に未熟者」と見放して、世界の常識となっている「一八歳成人」（一八歳選挙権を含む）をさえ認めようとしない（図❼）。子ども・若者は親への経済的・精神的・心理的依存から抜け出せず、親は「子どもは自分のものである」（私的所有物）という考え方から離れられない。

記者に一八歳選挙権について尋ねられた高校生たちが答えている。

「一八歳は、まだ子どもですよね。…（中略）…正直、心の準備ができていない。携帯の契約とか便利かもしれないけれど、不安の方が多い」、「高校生なのに大人と言われるのは責任が重すぎる」、「二〇歳でも早いと思っていた」（朝日新聞、二〇〇八年一月一七日）。

また、「お子様の学習意欲の低さの原因は、どこにあると思いますか」というアンケート調査に対して、保護者の七九％が「子ども自身」にあると答えている。ついで「学校」と答えた

図⑩

「若者の意識に関する調査（ひきこもり調査）骨子」より

標本数：5000人（全国15歳以上39歳以下の者）
有効回収数（率）：3287人（65.7%）

ひきこもり群の推計数

	有効回収率に占める割合（%）	全国の推計数（万人）（注1）
ふだんは家にいるが、自分の趣味に関する用事のときだけ外出する	1.19	46.0
ふだんは家にいるが、近所のコンビニなどには出かける	0.40	15.3
自室からは出るが、家からは出ない	0.09	3.5
自室からほとんど出ない	0.12	4.7
計	1.79	69.6

準ひきこもり
46.0万人
＋
狭義のひきこもり
23.6万人　（注2）
＝
広義のひきこもり
69.6万人

ただし　ア）現在の状態となって6ヶ月以上の者のみ
イ）「現在の状態のきっかけ」で、「病気（病名：　）」に統合失調症又は身体的な病気、
又は「その他（　）」に自宅で仕事をしていると回答をした者　を除く
ウ）「ふだん自宅にいるときによくしていること」で、「家事・育児をする」と回答した者　を除く

（注1）総務省「人口推計」（2009年）によると、15〜39歳人口は3,880万人より、
有効回収率に占める割合（%）×3,880万人＝全国の推計数（万人）
（注2）厚生労働省の新ガイドラインにおけるひきこもりの推計値は25.5万世帯となっており、ほぼ一致する。

ひきこもり親和群の推計数

Q27—11〜14の4項目が、①4つとも「はい」と答えた者、及び②3つは「はい」で1つのみ「どちらかといえば「はい」と答えた者の合計から「ひきこもり群」を除いた者を「ひきこもり親和群」と定義。

11. 家や自室に閉じこもっていて外に出ない人たちの気持ちがわかる
12. 自分も、家や自室に閉じこもりたいと思うことがある
13. 嫌な出来事があると、外に出たくなくなる
14. 理由があるなら家や自室に閉じこもるのも仕方がないと思う

（1.はい　2.どちらかといえばはい　3.どちらかといえばいいえ　4.いいえ）

ひきこもり親和群の有効回収率に占める割合は、3.99%
ひきこもり親和群の推計数は、155万人

内閣府2010年7月23日発表、内閣府ウェブサイトより

人は一〇%、「社会」と答えた人はじつに六%にすぎない（朝日新聞、二〇〇二年一二月一日）。子ども・若者の「自己責任」というわけである。

社会やシステム（学校・会社等々）も子ども・若者の人間的・市民的成熟よりも、排他的な競争「学力」や学歴などにいまだに信を置いている。

子どもや若者を信頼し、社会的役割と責任を引き受けてもらい、一人ひとりの人生の危機と社会や人類の危機を一緒に担ってもらおうという期待と希望を、大人と社会が早くかれらに示さなければ、かれらは前に進めない。

⓫のグラフは、今日のイジメ問題の沸騰とかかわって最後に付け加えたものである。イジメ問題の国際比較に長く携わってきた教育社会学者の森田洋司の近著（森田、前掲書）からの転載である。

イジメは日本だけの問題ではなくオランダでもイギリスでも大きな社会問題となってきたし、現にいまもそうである。グローバルな市場主義経済が進展するなかで、ヨーロッパでも日本でも個人化社会・格差社会・無縁社会が進み、経済の貧困や関係の貧困が子どもたちのイジメの背景となっていることは間違いない。

しかし、⓫のこの森田の調査に基づいた二つのグラフをよく見ていただきたい。

日本では小学校五年から中学校三年までイジメの「傍観者の出現比率」は上昇を続け、それ

図⑪

仲裁者の出現比率の推移

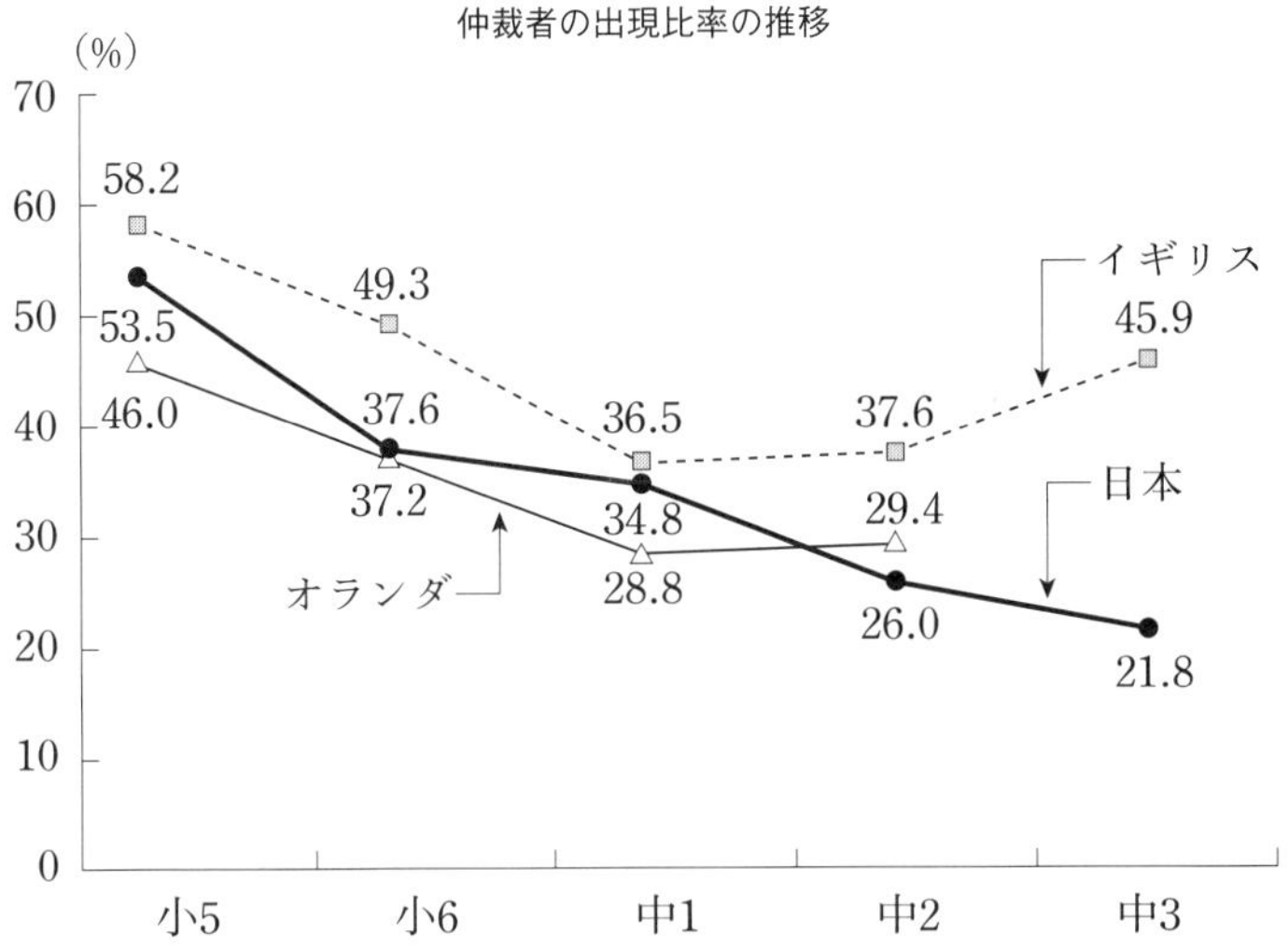

傍観者の出現比率の推移

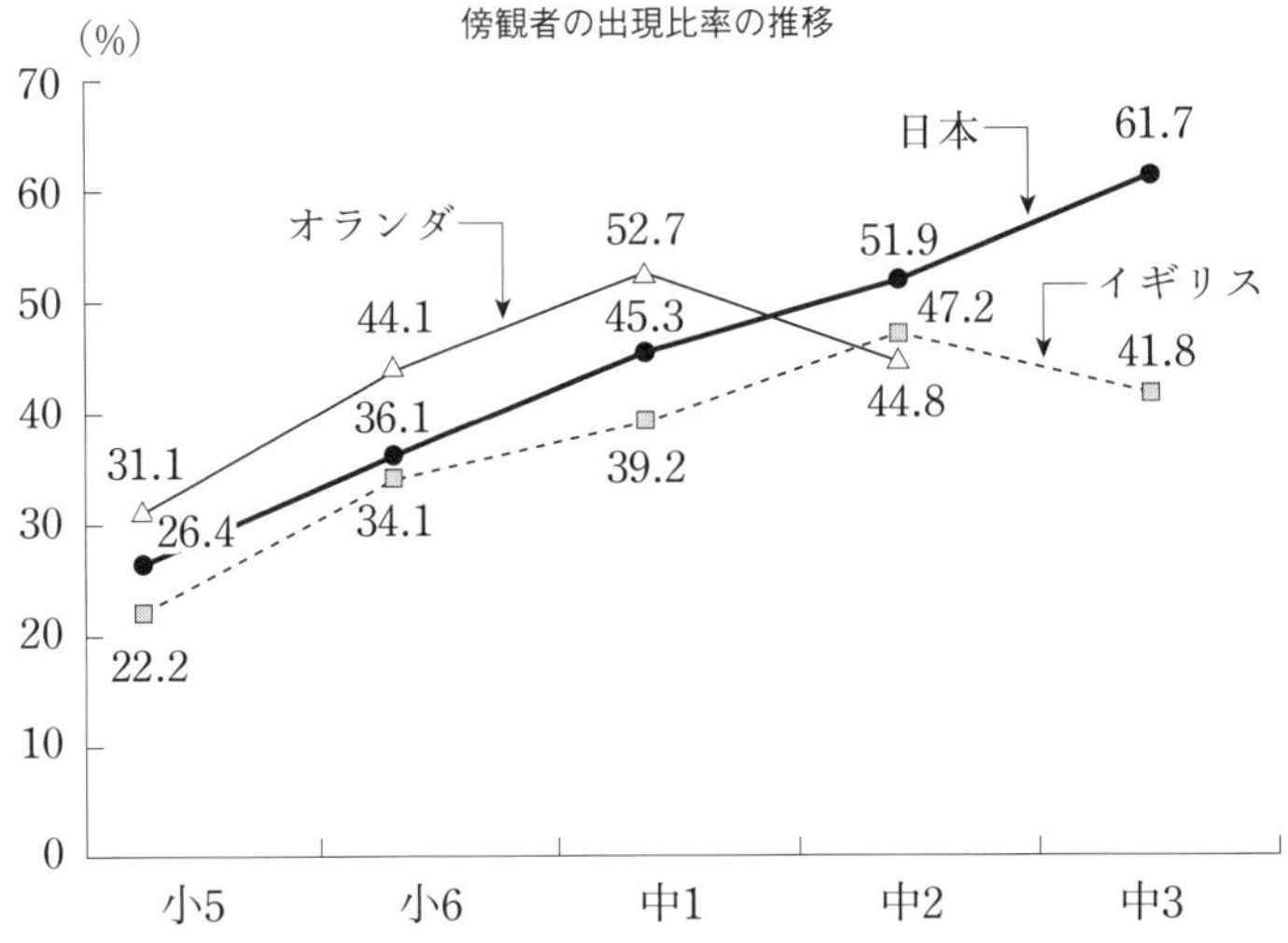

森田洋司『いじめとは何か――教室の問題、社会の問題』中公新書

と関連してイジメの「仲裁者の出現比率」は下降を続けるが、イギリスやオランダでは中学校一～二年を境に「傍観者の出現比率」が下降し、「仲裁者の出現比率」が上昇に転じているところをである。

自己肯定感や自尊感情の低い子どもたちではイジメの「仲裁者」になることはできない。自分に無力感を抱く子どもたちの多くがイジメの「傍観者」にとどまらざるをえない。イギリスやオランダでは何が起こっているのか。

詳しくは森田の前掲書を読んでいただくとして、森田はヨーロッパ諸国が最近とみに力を入れはじめた「シティズンシップ」の教育、つまり社会的排除とたたかい、他者との人間的・市民的結びつきを強めようとする「市民性の教育」の存在が大きいという。

シティズンシップの教育とは、一人ひとりが尊厳と力をもった社会的・市民的存在であって、そうした一人ひとりの社会的役割が保障される市民社会の、その担い手の育成を目指すものであるという。

「心的外傷」からの回復

アメリカの精神科医ジュディス・L・ハーマンの『心的外傷と回復』（中井久夫訳、みすず書房、一九九六年、Judith Lewis Herman, M. D；Trauma and Recovery, Basic Books, New York, 1992）を読んでいて、不思議な感情にとらわれたことがある。この本はアメリカ合衆国で起こっている深刻な性的虐待被害者、児童虐待被害者、ベトナムの戦場などからの戦闘参加帰還兵……などの心的外傷の症状とそれからの回復の問題を扱った専門書である。ああ、これは日本の子どもたちや若者たちの心の状況を扱った本（研究）ではないかと思ったほどだった。

日本の社会でも近年子どもへの虐待事件が頻発していることは先に紹介した資料⑧―1、⑧―2で明らかであるが、被虐待経験などもたない、ごくあたりまえの人生を生きてきたと思われる（本人もそう思っている）子どもや若者たちの内面にも、心的外傷によってもたらされるという、ハーマンが扱う次のような症状に酷似した「症状」を私は日常的に見てきたように思う。

（1）外傷的事件は基本的な人間関係の多くを疑問視させる。それは家族愛、友情、恋愛そして地域社会への感情的紐帯《アタッチメント》を引き裂く。それは〈自分以外の人々との関係において形成され維持されている自己《セルフ》〉というものの構造を粉砕する。それは人間の体験に意味を与える信念のシステムの基盤を空洞化する。それは被害者の自然的、超自然的秩序への信仰を踏みにじり、被害者を生か死かの危機に投げ入れる。（前掲書、七五頁）

（2）世界の中にいて安全であるという感覚、すなわち〈基本的信頼〉は人生の最初期において最初にケアをしてくれる人との関係の中でえられるものである。人生そのものと同時に発生するこの信頼感はライフサイクルの全体を通じてその人を支えつづける。それは関係と信仰とのあらゆるシステムの基礎を形づくる。人間の最初の体験はケアされたということであり、このことが人間にその所属する世界のほうを向く力を与えるのである。この世界は人間の生命にやさしい生活となる。基本的信頼は、人生が切れ目なく連続したものであり、自然には秩序があり、そして超自然的な神の秩序があるという信念の根本である。（前掲書、七六頁）

（3）発達途上の子どもの肯定的な自己感覚はケアをしてくれる人が権力をおだやかに使ってくれるから生まれるのである。親が子どもよりもはるかに強力であるのに子どもの個人性と尊厳性とを尊重する姿勢を示してくれるからこそ、子どもは価値を与えられ尊敬されていると思い、自己評価が発達する。子どもはまた自立性をも発達させる。これは関係の中で自分は他とは別個の存在で〈自分は自分である〉という感覚である。子どもは自己身体のいろいろな機能を支配し制御するすべを身につける。自分のものの見方を形づく

り、これを表現する。（前掲書、七七～七八頁）

（4）　外傷的事件は個人と社会とをつなぐきずなを破壊する。生き残った者（心的外傷を負った人――引用者）は、自己という感覚、自己が価値あるものであるという感覚、自己が人間に属するという感覚は自分以外の人々との結びつきの感覚に依存し、それ次第であるということを痛いほど味わう。…（中略）…生存者の証言には、つながりの感覚がとりもどせたのは、ある時、ある人が惜しみない度量を気どらない自然体で示してくれたおかげであるという話がくり返し出てくる。被害者が不可逆的な破壊をこうむったと思い込んでいる自分の中のもの――信仰や品性や勇気など――はごくふつうの愛他性（相手の身になって考え相手本位で行動すること）によってもう一度目をさます。自分以外の人々の行動を鏡として生存者は自らの失われた部分を認め、それをとりもどす。この瞬間から生存者は人間の共世界 human commonality に再加入しはじめる。（前掲書、三四〇頁）

長い引用になったが、ハーマンの記述があまりに今日の日本の子どもや若者を苦しめている心的「症状」に酷似し、そしてその回復のためにきわめて重要な指摘がなされていると思ったからである。現代の日本社会の子ども・若者たちは、ハーマンが扱っている現代アメリカの児童虐待・レイプ・戦闘体験などによる深淵をのぞき込むような暗重な心的外傷ではないにしても、かれらに襲いかかり侵入してくる日本の社会的・人間的な「関係の貧困」「孤絶の文化」のなかでそれに酷似した〈トラウマ〉を与えられてきたのではないだろうか。

かれらは一様に明るい表情を見せているが、少し深く付き合ってみると、深い浅いはあるが何らかの心の闇に苦しんできたことに気づかされる。

虐待、イジメ、ネグレクト（育児放棄や放任）、一方的な「愛・保護・管理」の押しつけ、家族の崩壊……などによって、誰からも心のこもったケアを与えられずに、他者や世界や自然との豊かな関係を阻まれて、自損・自傷行為（自殺やリストカットなど）へ、ひきこもり・他者や社会への暴力（イジメ・万引き・暴走・殺人など）へ、さらにはうつ病などの心の病に向かわざるをえない子どもや若者たちがけっして少なくはない。

先日教室で話してくれたリストカット、アームカットの経験者（いずれも若い女性）たちは、「自分が生きていることを確かめるために」、「自分の苦しみや悲しさにまったく気づかない世間への抵抗として」手首や腕をカミソリやナイフで切った、と語ってくれた。

日本では、家族の崩壊、家族間の葛藤、虐待・ネグレクト、学校や職場で繰り返されるイジメ、そして貧困（経済の貧困と関係の貧困）などのファクターが重なりあっている場合が多いようである。先に紹介した古荘純一は『日本の子どもの自尊感情はなぜ低いのか』（前掲書）で、これらの社会的ファクターの総合のなかに問題が潜んでいること立証してみせてくれている。さて、ジュディス・L・ハーマンは当然のことながら、心的外傷からの回復の道筋についても詳しい報告を行っている。

彼女は（回復のための）「第一段階の中心課題は安全の確立である」とする。「第二段階の中心課題は想起と服喪追悼である」（つまり、被害当事者が「わたしの物語」を治療者や同じ経験を持つ他者に語り、一緒に服喪し、その追悼行為の中に深く降りて行く段階——引用者）、「第三段階の中心課題は通常生活との再結合である」（ただし現実は弁証法的—波動的あるいは螺旋的）と指摘し（前掲書、二四一頁）、そのプロセスを克明に記録している。

この対応のプロセスも精神科の専門医ではない私（たち教師）のふだんの対応経験と大筋において似ている。「症状」がよく似ているということからすれば、当然のことかもしれない。問題をかかえているなと思われる若者と出会うと、まず安全な場所、つまり安心して付き合える仲間たちのいる「居場所」を紹介したり確保したりする。次に、個人的にまたは仲間たちと一緒に彼または彼女の語り（思い）に耳を傾ける（聴く）機会を用意する。また、仲間たちの物語に耳を傾けてもらう機会も大事にする。

最後に、身体を使っての協同作業（スタディツアー、森林の間伐体験、植林や農作業などなど……）や他者へのはたらきかけ（ボランティア、市民活動など）への誘い、つまり社会的参加の保障である。

精神科医ハーマンの心的外傷経験者の回復過程への治療的・医学的コミットメント（ケア）と異なるのは、私（教師である私たち）の場合の中心課題は、子どもや若者たちの「学びの回復と創造」へのコミットメント（ケア）である。学びへのケアには、森や樹木や海洋や星々や動植物などとの出会い、古い技術やモノ、老人の生き方などとの出会いも、とても重要な役割を果たす場合がある。

とはいうものの、両者は平行線上にあるのではなく、学びのケアと治療的ケアが、それとはあまり意識されずに、重なりあう場合も日常的である。私（たち）は意識的に治療的・教育的ケアを避け、あくまでも一人の個人対一人の個人、また個人対グループの人間的・相互的な関係（日常の交わり）にこだわろうとする。

それは私（たち）は「心の専門家」ではなく、私（たち）自身もまた幼少時代や子ども時代の「負の経験」を通して大なり小なり「心的外傷」を内にかかえており、さまざまな非人間的「症状」に苦しんできているからである。

したがって、日々向きあう子どもや若者の「心的外傷」からの回復は、私（たち）自身の「心的外傷」からの回復と深くかかわっている。

＊——本稿は、拙稿「日本の子ども・若者の自己評価の低さと弧絶の文化——〈関係の貧困〉を考える」（『國學院大學教育学研究室紀要』第四四号、二〇一〇年二月発行）に若干手を入れたものである。収録にあたって統計・資料を新しいものにかなり入れ替えた。しかし、日本の子ども・若者の置かれた状況に本質的な変化はない。変わっていないどころか、「一人親家庭の貧困率」や「児童虐待件数」やイジメを含む「小中高生の暴力」などはさらに悪化している。

なお「孤絶」という用語は、尹健次《ユンコンチャ》『孤絶の歴史意識——日本国家と日本人』（岩波書店、一九九〇年）に学んだ。

2 学びへの誘いとしての〈現場〉体験

◆わたしの大学での実践から

*——〈現場〉とは、人びと（people）がその地域に根ざした（バナキュラーな）言葉や文化を大切にしながら日々暮らしている、大学の外に豊かに広がる生活世界のことである。

また、ここでいう〈現場〉とは、老いも若きもすべての人びとがその生存と共生のために力を合わせて解決に取り組まなければならない、さまざまな課題を抱えた社会的・歴史的・自然的な環境のことでもある。〈現場〉はまた、人間の悲しみや喜びや不幸や怒りがむき出しの形でうごめいている、リアルな現実世界でもある。

今日、日本の学生たちの多くが学びたいという欲求を枯渇しつつあるのは、子どもの頃からこのような〈現場〉と意識的にしっかりと向き合うことを回避させられてきており、その意味でリアルな現実世界から身体的・精神的に根こぎにされてしまっているからだ、と僕は考えてきた。

日本社会は戦後のある時期から、子どもや若者たちの社会的・市民的な成熟をそれほど大事に思わなくなってきたのではないだろうか。それが学生たちの今日の学習意欲喪失のすべての原因ではないにしても、かなり重要な部分をしめている、と僕は思っている。

〈現場〉には、若者たちを学びに突き動かさずにはおかないインセンティブ・ファクター（刺激し動機づける要因）が埋もれている以上、僕は教師として若者たちと一緒に、〈現場〉体験に向かわないわけにはいかないのである。

読書会の時代（一九七〇年代前半）
——学生一人ひとりの経験は固有でみな異なっていた

僕は一九七二年四月、國學院大學の専任講師となった。三三歳のときである。教職課程の教師として、中内敏夫・佐藤興文・竹内常一・里見実……といった気鋭の学兄が在職していた教育学研究室に所属することとなった。正確にいえば、中内敏夫の他大学への移籍と同時に、そのあとに僕が入れてもらったことになる。

当時、学内は、國學院をも襲った大学闘争の余波でまだ騒然としていた。國學院に職を得る前、僕はある国立大学の助手をしていた。あまりにいろいろなことがあって、長く続く陰惨で隠微な大学闘争に真剣にかかわれなくなり、身も心も疲れ果てて、次の就職のあてもないまま退職したばかりだった。

そんな状態だったので、國學院大學の初々しい若者たちとの出会いに、心身ともに癒される思いだった。

課外で勉強したいと言ってきた学生たちと、最初は三〜四人で教育関係の本などを読みあっていたが、やがてJ・J・ルソー（Rousseau）の著作を読みあう読書会に変わっていった。他大学（女子大）の兼任講師も引き受けるようになっていたので、読書会のメンバーに國學院以外の学生たちも加わるようになった。

月に一度、学外の公共施設（区民会館など）で行われる読書会のメンバーは、常時一五〜二〇人ほどだった。年に二度、内房総の海辺の民宿で合宿をした。

メンバーの顔ぶれは、國學院大學の一部（昼間部）生、二部（夜間部）生、他大学（国立大）から来た学生、それにメンバーの誰かの紹介で入ってきた下町の工場で働く若い労働者……、といったように多彩だった。

なお、当時はまだ二部生の大部分が昼に仕事をもって働いていた。読書会にはいつの間にか「ルソー研究会」（ルソー研）という名前がつけられた。読書会に参加してくる若者たちの生活経験は固有で、みな異なっていた。そして、みんなまだ一様に高度経済成長以前の貧しさの尾を引きずっていた。

したがって彼ら／彼女らはまだ、ヴァーチャルではない生《なま》の現実世界、労働や政治や歴史、民衆やモノなどときっちりと向きあっており、学びたいという強い欲求の根がそこにつながっていた。読書会では労働や社会経験をもつ二部生と町工場の若い労働者の役割は大きく、彼ら／彼女らは固有の経験の深部をくぐらせて、驚くほど独特なルソーのテクストの読みをする場合が少なくなかった。

それが、学校で学んだ知識や本で得た知識を中心にルソーを読みがちな一部生や国立の女子大から来た学生たちに衝撃を与えることがよくあった。ファシリテーター役の僕自身とて同じだった。たくさんの大事な気づきがあった。

二部生や若い労働者の存在は、本稿の表題にかかわっていえば、「〈現場〉体験」を読書会に持ち込んで、学校のようになりがちな読書会での学びを活性化させていたということができるだろう。こうした異質な経験をもつ若者同士の切磋琢磨の学び合いが、大学から少しずつ姿を消していくのが一九七〇年代だった。

ルソー研が毎年出していた二号目の文集『経験そして歩む』の巻頭に、ある学生がこんな文章を書いている。

――個々の人がかかえる現実は実に多様であり、研究会に参加している私たち自身も実に多――

様であります。この多様さが豊かな可能性として、私たちの中に実ってゆくことができればと望みます。

ルソー研がより直接に現実に働きかけることによって、緊張感を取り戻すべき時が来ているのかどうか、私にはよくわかりませんが、ルソー研に参加する私たち一人一人を通してこれからますます現実に関わらざるを得ないのは事実であるように思えます。

その時、どれだけ私たちが、自らの現実をごまかさないような形でルソー研を形づくっていくことができるか、が問われると思います。（『経験そして歩む』第二号、一九七五年五月）

メンバーの若者たちのなかには現実の労働運動や市民運動などにかかわっている人たちがいて、ルソーの『学問芸術論』や『人間不平等起源論』などを読みあってばかりいる会のあり方に批判があったことを反映した文章である。迫りくる現実と一人ひとりの生き方の選択の緊張関係がよく出ている。

このルソー研は一九八〇年代初め頃まで続くのだが、僕自身は七〇年代の後半にそこを離れている。読書会の最初の年の文集名は『経験』（一九七四年五月刊）であり、二号が前掲の『経験そして歩む』というものだった。依拠すべき固有の経験を若者たち一人ひとりがもっていたということである。

一九七六年に僕は初めて自著『自立と共存』(亜紀書房)を出版するが、そこに収めた文章の多くは、学生たちのそうした経験に向かって語りかけようとした、七〇年代初期の「教育原理」の講義ノート(「経験」「戦没農民兵士と学生兵士の遺稿の間にあるもの」「習俗としての教育」等々)がもとになって生まれたものだった。日本の戦争体験と戦後経験が、若い人たちのあいだにもまだ意味をもっていた時代でもあった。

だが一九七〇年代は、「ブルドーザー政治家」などの異名をもつ田中角栄の「列島改造論」が発表され、経済成長神話と国民のなかの中流意識が広がり(「中の中」意識が六〇%を占めるようになる)、大学・短大への進学率も二〇%台から三〇%台後半へと急激に移行する時期である。

一九七六年には、高校新規卒業者の大学・短大への志願率が四八%(進学率は三九%)に達している(一八七頁のグラフを参照)。

この頃はまだ、教育や学校が社会的ステイタスの上昇を保障し、まじめに学んで働けば報われると信じられた時代だった。

この時代は日本のどこの大学も、受験生の急増に追われるようになる。敗戦後の貧しさのなかで夢にまで見た「豊かさ」(経済成長)が、日本の地域と第一次産業を切り捨てて、都市化と第三次産業の急速な拡大とともに実現していく。地域や労働や自然から切り離された子どもたちは、一人ひとりバラバラに家庭・学校・消費空間に閉じ込められ、未曽有の受験競争の渦に投げ込まれていくのである。

一九七〇年代後半から子どもや若者たちの生活経験の抽象化（漂白）がどんどん進行する。早稲田大学の学生だった三田誠広の『僕ってなに』という小説が芥川賞に選ばれたのは、一九七七年春のこと。固有で具体的な現実世界や他者から引き離されていく若者たちの関心が、ヴァーチャルな「僕（私）ってなに」、つまり「僕（私）の不在」に向かうのは至極当然のことだった。

一九六〇年代後半の学生運動や若い労働者たちの労働運動に根をもつ連合赤軍や日本赤軍のたたかいが、凄惨な「内ゲバ」「テロ」「ハイジャック」事件などで終わりを遂げ、時代は「政治の季節」から「消費の時代」に向かっていく。

社会や政治と近いところにあった若者たちのフォークソングの時代が終わり、荒井由美（ユーミン）やサザンオールスターズなどの恋愛世界とフィーリングを歌うニューミュージックが若者をひきつけはじめる。

そういえば、ルソー研の合宿には誰かが抱えてきた何本かのギターに合わせて、「友よ」「山谷ブルース」「風」「あの素晴しい愛をもう一度」「マイウェイ」「気分を変えて」……等々、まだメッセージ性が残るフォークソングを合唱したものだった。「季節のない街に生まれ、風の

大学・短期大学の規模等の推移（出所：文科省資料）

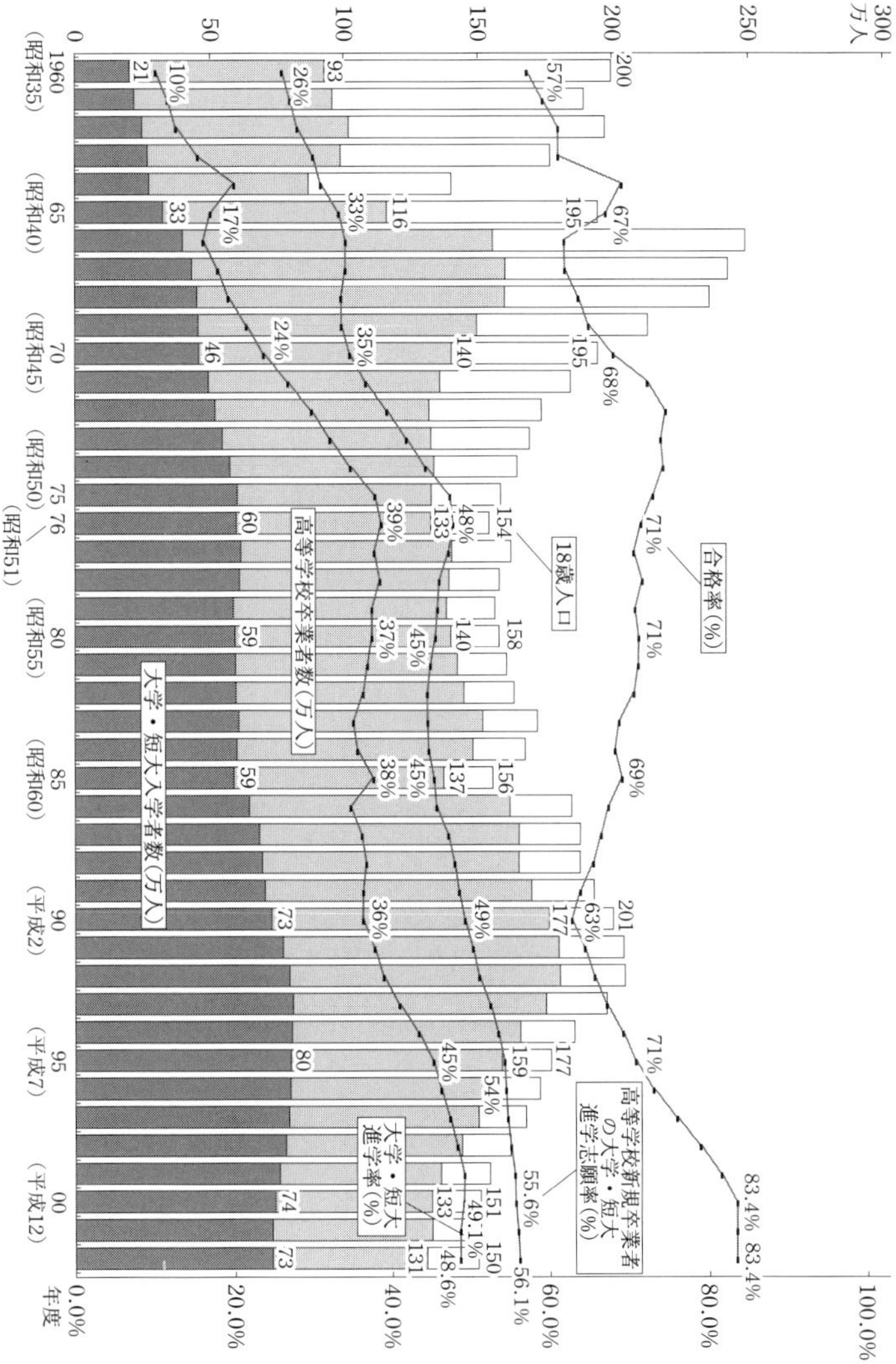

ない丘に育ち、夢のない家を出て、愛のない人にあう」（泉谷しげる「春夏秋冬」）などといったフォークソングが妙にリアルに感じられはじめる頃だ。僕のオハコはいつも野坂昭如バージョンの「黒の舟唄」だったが。

若者たちが一緒に歌いあえる歌が消えていき、テレビのアニメソングなどがそれにとって代わるのは、一九七〇年代の後半からである。

教師である僕が用意する教育内容（文化遺産・学問や科学の体系）と目の前に坐っている学生一人ひとりの内面とのあいだに、途方もない「橋のない川」が生まれつつあるのを感じはじめる頃だ。教材の科学化・精緻化とともに、学生の内面を揺さぶり、受けとめてもらうために教材の〈意味化〉の重要性を、僕は痛感するようになる。

ワークショップの時代（一九八〇年代）
——学生たちとともに身体を他者・世界に向かって開こうと試みる

一九七九年四月から八〇年二月まで、僕は大学から長期休暇（サバティカル）を得て、アフリカ大陸を北から南、西から東へと歩きまわるハードな旅をした。そこで見たものは、日本の若者・子どもたちを包みはじめていたヴァーチャルな現実とは対極の、世界史の近現代によってもたらされたきわめて固有で具体的な汗と涙と血にまみれた人間と民族の〈悲しみ〉と〈怒り〉の世界だった。

また、そうした状況下で同時に生みだされる黒い人間たちの、したたかな〈歓び〉の世界だった。堀田善衞のインドの旅の名エッセイ（『インドで考えたこと』岩波新書、一九五七年）とのアナロジーでいえば、のたうちまわるような貧しさのなかで、「生きたい、生きたい」と叫ぶアフリカの人びとのたくましさと明るさに圧倒されて僕は日本に帰ってきた。

大学に戻ってきて気になったのは、学生たちの経験の均質化と学生たちが大学の外に出ていかなくなったことだった。そして、彼ら／彼女らが他者・世界・学問・文化・モノ・コトなどに向かって身体を閉ざすようになってきていることだった。二部（夜間課程）はもう労働学生の学びの場ではなくなりかけていた。

一九八〇年代に入ると大学・短大の進学率は四〇％に近づいていき、どこの大学でもいわゆる「不本意入学」の学生が急増するようになった。八〇年代半ばを過ぎる頃、大教室の授業などでは受講生が最初の時間から、ということはまだ教師と学生が、学生同士が出会ってもいないうちから、ばらばらに教室の後部と側面にへばりつくように坐り、教卓の前の真ん中がシラーと空くといった、なんともやりきれない光景が日常化するようになった。

どこの大学でも大同小異だった。ああ、身体（からだ）が学びを、僕（教師）の言葉を、拒絶しているな……と、深いため息を呑み込むことから新学期の授業を始めなければならないことも、一度や二度ではなくなった。

《経験と呼ばれる経験がない。誰かと何かを一緒にやったという経験がない》
《アフリカなど知らなければよかった。知らなくても生きていけるのに》
《自由は不安だから、ある程度管理されたほうが安心。出席をとってほしい》
《他者や世界が意味をもって迫ってこない。自分がどこにもいないということにしか関心がない》

（学生たちの「つぶやき」――レポート、答案、コメントペーパーなどより）

こうした、教師の僕にはなんとも気になる学生たちの「つぶやき」が聞こえてくるようになるのは一九八〇年代に入ってからだ。これらの「つぶやき」は僕が授業（私立・公立・国立の大学）で出会った学生たちが、答案やレポート、それにやがて授業後に提出してもらうようになる「コメントペーパー」（後述）などに書き残したものである。

経験が経験とならない経験の出現。経験の漂白。自由への不安とおびえ。指示や管理に依存すると安心するというメンタリティ。他者・世界の不在（喪失）と自己惑溺……。

それにしても他者や世界が意味をもって迫ってこないという学生たちに、どう向きあったらいいのか。経験がないという経験をもつ若者の経験をなんと表現したらいいのか。自由は不安だという学生に、「教育の自由」とか「教育からの自由」の意味をどう伝えたらいいのか。

こうした学生たちに対して、僕は彼ら／彼女らができるなら目をそむけ避けようとしている現実社会のありよう、つまり異質な他者や世界の現実を、これでもかこれでもかと突きつけていこうとした。先にも少しふれたが、それは僕のそれまでのアフリカ経験やアジア体験、それに僕自身の学生時代の体験に根ざしているものだった。

一九六〇年代後半から、僕は毎年のようにアフリカやアジアの諸地域を歩いてきた。そこで見、触れた飢え、自立／自尊のためのたたかい、そこに生みだされた文化や思想、またアジアやアフリカの貧困・戦争・低開発を踏み台にして経済復興を遂げた日本社会の現実を、「僕（わたし）ってなに」と自分の内面に閉じこもろうとする若者たちに向かって、「君の悲しみや弱さを中心に地球が回っているわけではない」と、突きつけていった。

「アフリカなど知らなければよかった。知らなくても生きていけるのに」は、それに対して学生の一人がもらした「つぶやき」である。

僕の力だけでは限界があるので、学外からさまざまな現実や〈現場〉と向きあって生きている方々にゲスト・スピーカーとして教室に来てもらい、学生たちを覆いはじめた「白い闇」を切り裂いてもらおうとした。その〈闇〉のことを僕は、「他者や世界や、モノや自然や文化との直接的・相互的な関係を阻まれた経験から分泌される闇」（楠原彰・川上定雄・大沢敏郎・鷲澤美代子・石川實・牛嶋保夫・島田一生『教育は絶望か希望か』白順社、一九八七年）と呼んだことがあった。

重い障がいをもちながらたたかいつづけている女性、「危険できつくて汚い仕事」（3K労働）を余儀なくされている外国人労働者、試行錯誤のなかで有機農業を始めた東北の農民、登校拒否の少年、寄せ場のドヤ街で文字の読み書きのできない人たちのために識字教室を開いている知人、アフリカやアジアからの留学生……、いろいろな方々に教室へ来てもらった。

僕自身も一九八〇年代は、南アフリカのアパルトヘイト（人種隔離・差別）政策とそれに荷担する日本の企業と政府に抗議する市民運動に全力投球していたので、身体を動かして他者や世界と向きあわないと、精神の蟻地獄のような自己惑溺から自由になることができないこと、また、学びたいという欲求はそこからしか生まれようがないこと、などを学生たちに強く語りかけていたように思う。僕自身も学生時代、自己惑溺に苦しんできた経験をもっているので、よけい気になった。

一九八〇年代はまた、性・障がい・エスニシティ・国籍・学歴・病歴などの差異によって社会的に排除されてきた人たち（被差別マイノリティ）の主張と運動が、あるいは環境保護や他の生命体との共存といったエコロジカルな考え方や活動が、市民権をもってくる時代でもあった。

日本社会の分岐点をなすような大きな変化が始まっていた。戦後を特徴づけてきた「物の豊かさ」への渇望が、「心の豊かさ」にとって代わられるのは八〇年代の半ばのことだった。家族・共同体・会社から離れて、個人の自由な生き方の選択としてのボランティア活動や環境保護のような「新しい社会運動」に向かう人たちが多数登場するようになる。「個人の潜在的可能性《ポテンシャルズ》」（M・メルッチ）から生まれるさまざまな社会活動が注目されてくる。この「個人化」現象は、これまで僕たち一人ひとりを支えつなぎとめてきた、つまり僕たちのセーフティーネットであった家族・地域社会・企業体などの崩壊とともに起こった現象であった。

やがて到来する血縁・地縁・社縁（会社縁）の崩壊による「無縁社会」（自己責任社会）の萌芽がすでに始まっていた。

数年もすれば大挙して大学に押し寄せてくる高校生・中学生・小学生たちの世界では、家庭内暴力・校内暴力・不登校・イジメ・「浮浪者」殺傷事件・自死……などが頻発していた。子どもたちの「学びからの逃走」、「教育への不適応」や「教育の拒否」現象が始まっていた。

僕の専門である教育学の世界でも、すでに一九七〇年代初め頃からラジカル（根源的）な教育批判・学校批判の言説が欧米やラテン＝アメリカから入ってきており、八〇年代には日本でも広く読まれるようになっていた。

ウィーンに生まれメキシコで活動していたI・イリイチ（Illich）は教育を、全世界を「幼児化する機構」だといい、学校こそが人びとから自前（ヴァナキュラー）の学びを奪う「現代の異端的教会」だと批判した。

僕自身も翻訳にかかわったブラジル出身のP・フレイレ（Freire）は、「文字を読むということは世界を読むことであり、文字を書くことは世界を書きなおすこと」だといい、世界中に広がっている「銀行型教育」（教師による一方的なつめこみ教育）と「伝達教育」の政治性と非人間化を告発した。「対話」による相互主体形成の営為こそが教育だとフレイレは主張した。

フランスのM・フーコー（Foucault）は教育を「調教」と呼んでいたし、P・ブルデュー（Bourdieu）は教育に内在する「象徴的暴力性」を剔出《てきしゅつ》していた。

こうした教育批判言説を、大教室で学生たちに一方的に講義しつづける僕（教師）の姿は、現代の戯画以外の何物でもなかった。

教育を批判しながら一方的に教育する僕を「〈教育からの自由〉（Freedom from Education）の重要性について楠原から教育されちゃった！」と言った、機智とユーモアに富んだある学生のコメントに癒されたが、大多数の学生たちには、おそらくそのコメントにこめられたユーモアも批判性も、また僕が感じていたペーソスも理解しがたいものだっただろう。

僕のなかにも少しずつ、あとで触れるような精神の溶解現象が始まっていた。

戦後思想とは戦争体験の思想化のことだと小熊英二が『〈民主〉と〈愛国〉――戦後日本のナショナリズムと公共性』（新曜社、二〇〇二年）で書いていたが、戦争体験の風化が日本の各所で叫ばれるようになったこの一九八〇年代は、「戦後の終焉」を意味していたのかもしれない。しかしそれは、アジア諸国の戦争被害者にはとうてい受け入れがたい苦痛極まりないことであることが、僕たち日本人にはなかなか見えなくなっていた。その意味で、日本社会もまた大切な他者を失いはじめていた。

戦後日本の労働運動と体制批判をリードしてきた公労協（公共企業体等労働組合協議会）がスト権を奪われ、三公社五現業（国鉄・電電公社・専売公社など）がことごとく解体・民営化され、労働運動が労使協調に変質するのは一九七〇年代後半から八〇年代にかけてである。「ジャパン・アズ・ナンバーワン」のかけ声のもとで、日本企業の本格的な海外進出（対外直接投資と海外生産）が始まるのも一九八〇年代である。帝国主導の一元的市場経済化（グローバリゼーション）が世界を覆いはじめ、それが戦後の世界システムを支えてきた冷戦構造を揺るがし、九〇年以降のアメリカ帝国による一元的支配を準備していく。

日本では、「財政再建（小さな政府）」「行政改革」「民活路線」「日米運命共同体」を掲げる政府が登場し、アメリカ主導のグローバリゼーション下での市場主義と民族主義（ナショナリズム）という矛盾する原理に支えられた新自由主義・新保守主義の時代へと移行していく。

この動きが大学にも押し寄せてきた。大学自治の精神や自主改革のエネルギーをすでに喪失しかけていた大学は、政界・経済界などから次々と他律的な「改革」を押しつけられ、市場経済の競争原理が貫徹する社会となり、大学の戦後体制は完全に崩壊していくのである。

大学は〈消費者としての学生〉に対して「ハウツー術」を教えるサーヴィス産業と化し、何のためになぜ学ぶのか・教えるのか、という学習や教育の目的の探究などをかえりみる余裕を失ってしまったと言っても過言ではない。

そのような大学の授業に対して学生たちの多くは、指示には従うがけっして積極的には参加しないというかたちで「教育される」ことに拒否反応を示しながらも、自分で学びをつくりあげていく関心も力量もまだもっていないようだった。しかし彼ら／彼女らは、大学によく出てきた。制度への依存度の高さ（自由への不安）を反映してか、出席率はよかった。前出の「出席をとってほしい」というつぶやきは、こんな状況で生まれた。

椅子に坐ってはいても、身体と眼差しは教育も学びも拒んでいた。やがて日本の大学の授業は、海鳴りのような私語に悩まされるようになる。一方で、一日中誰とも口をきくことなくアパートと教室を往復する学生も現れるようになる。

とにかく大学を面白くしよう、授業を楽しくしよう。学生たちの身体をこっち（教師たちのほう）に、そして同時に隣の学友たちのほうに向けてもらおう。僕は一九八二年頃から、研究室の同僚（里見実）と一緒に、というより同僚に誘われ、学生たちに呼びかけて「民衆演劇ワークショップ」を学校の内外で試みることにした。

大学の授業という〈場〉、教師と学生・学生同士の〈関係〉を変えてみたい。第三世界の社会運動の現場から生まれた民衆演劇の思想と方法に学びながら、学生たちとともに、お互いの身体と心を他者・世界に向かって開いていきたい。僕たちは日本の「黒色テント」やフィリピンのＰＥＴＡ（フィリピン教育演劇協会）などのプロの演劇集団に学びながら、さまざまな〈現場〉に出かけていきワークショップを試みはじめた。

ワークショップの内容や方法については拙著『セカイをよこせ！　子ども・若者とともに』（太郎次郎社、一九九九年）で紹介したので繰り返さないが、「身体」「関係」「現場のコトやモノ」がキーワードだったように思う。いま、この現場で初めて出会う参加者たちが、現場のコトやモノを観察し対話しあって（言葉を紡ぎあい）、テーマを見つけだし、互いの身体を組み合わせながら表現し、ドラマをつくりあげていく。

協働でつくりあげた〈作品〉を上演し、可能な場合には〈現場〉の人たちにも見てもらい、批評しあい、他者や世界に開かれた身体と関係とテーマのこれまで見えなかった内実に気づきあっていこうとするもの。

毎回三〇～四〇人ほどの学生たちが参加し、じつにさまざまな場所（定時制高校、東北の農村の公民館、下町の労働組合、団地の集会所、寄せ場の集会場、反基地闘争を続けている農家の庭先、小・中・高校・大学の教室や体育館、漁村の民宿、秩父事件の現場……）で、何年かにわたってワークショップは繰り返された。アジア諸地域からやってきた民衆演劇関係者と一緒に、夏に東京の下町の小さな教会を借りて合宿し、二週間近くワークショップを学んだこともあった。

大学の授業でも、僕はよくワークショップの方法を取り入れるようになった。机や椅子を教室の後ろに押しやって、いくつかのグループに分かれて、主に身体だけで「教育」の象徴的なイメージ像を表現しあったときなど、その見事でユーモラスな出来栄えに驚くことが何度もあった。

そうしたあるグループ（二〇人ほど）の作品の一つを紹介しよう。登場する電車も駅舎もすべて学生たちの身体だけで即興的につくられ、学生たちは駅舎になったり乗客に早変わりしたりしていることを念頭に置いて、以下の作品（「教育」のイメージ）を想像してみほしい。

「小学校駅」から順々に「大学駅」まで電車が停車するたびに、少しずつ「乗客」（生徒・学生）が振り落とされていき、最後にターミナルの「大学駅」（「國學院大學駅」だそうだ！）に到着したときには、「乗客」（居眠りに余念のない客もいる）は三人ほどしか乗っていない。

これで終わりかと思ったら、まだ先があった。終着駅のドアが開いたら、一人の乗客（学生）が飛び出してきて、ホームに立つ駅員の帽子をひったくって自分の頭にかぶせ、今度は自分が駅員になって、「大学駅到着、異常なし！」と平然とした顔で指差し点呼している。

ユーモアとペーソスがあって僕には忘れられない「作品」の一つである。また、体育館のフロアーいっぱいを使って、三〇人ほどの身体だけでつくりあげた「帆船日本丸」や「新宿副都心」などの造形は、じつに見事なものだった。

ワークショップの一番初期の頃からの参加者であるYI（男子学生）とMS（女子学生）が、次のように書いている。二人とも卒業後、教職に就いた。

> 我々大学生は、非常に中途半端な存在になってきている。人間として生きて行くための心のささえ――〈核〉となるものがつかみきれず、またそのことに対していらだちがある。大学生を中心にした今回のワークショップはその点新しい方向づけになるのではないだろうか。
>
> 日々、何事もないかのように繰り返される日常性――その日常性を掘って掘って掘りまくって、そこから人間のもろもろの問題を問いかけていくことができるはずだ。悲劇でも

喜劇でもなく、平凡であることは非凡であるかのような現在の日常性——その中に人間として真淵《ママ》な、眼のさめるような劇を掘りあてることが課題だ!!

（『民衆演劇ワークショップ通信』0号、一九八二年八月）

集団による創造。言葉によらないコミュニケーション。これまで、文字や言葉で語られてきたこのことを、身をもって実感した、と思った。…（中略）…体をほぐし、人と人のこだわりを取り去って、みんな自分が言いたいことを言える関係をつくる。誰もが同じ重みでものを言えるように、具体的なもの（詩や造形）で自己表現し、提言する。

そうしたなかで討論し、自分たちの問題を一つの作品——多くの場合即興劇——に表現してゆく。…（中略）…創るということ、生みだすということの無条件のおもしろさ、集団で創造するときの新たな人と人のむすびつき。こうしたことが、人間の本性に根ざすものなのだと、今は信じられる。

（『新日本文学』第四三二号、一九八三年八月）

ワークショップによって、たしかに授業は活性化し、学生も教師である僕も楽しかった。この演劇ワークショップで得た方法は、その後の僕の授業を助けてきた。しかし、いまだにこの一九八〇年代の実践について、きちんと評価を下せないのはなぜだろうか。何かしっくりこないものが残っている。

さまざまな〈現場〉で互いの身体を使ってモノやコトを表現する楽しさは、大学の普通の授業ではけっして味わえないものだったが、はたして参加者たちは〈現場〉のモノやコトとちゃんと向きあっていただろうか。「楽しさを求め合う仲良しグループ」を突き破って、覚めた学びの世界へ誘うことができたのだろうか。

一九六〇年代のルソー研の読書会や、これから述べる九〇年代以降のアジアの〈現場〉へのスタディツアーや東北の森への間伐体験での、参加学生同士のつながりはいまでも続いているが、ワークショップ時代の学生同士、学生と僕たち教師との関係は、それらと比べてけっして濃いとはいえない。

この「民衆演劇ワークショップ運動」と呼んでもいいような試みは、一九八〇年代の後半には自然消滅のように消えてしまう。（なぜかその後数年して、日本の学校や社会教育の場にワークショップ・ブームが到来するのである。）

もう一つの八〇年代――精神の「崩解感覚」

一九八〇年代は、僕自身の四〇代とほぼ重なる。学生時代、せいぜい三〇代の終わり頃までの自分は想像しえたが、四〇代から先のことなど考えてもみなかったし、考えられなかった。

平均寿命だって五〇歳代だったのではなかろうか。

だが、いま振り返ってみると、四〇代は僕の人生のなかでもっとも精力的に仕事（授業・研究・原稿執筆・講演など）をこなし、市民運動を引き受けていった時期だった。あの息つく暇もなかった「仕事」や「運動」とは何だったのだろう。

日本の子どもや若者たちに浸透していった、先に言及したような精神の溶解状態や、野間宏の小説の題名にあるような精神の「崩解感覚」は、ひとり子どもや若者たちだけの問題ではなく、三〇代の終わり頃から四〇代にかけての大人であり教師であり子どもの親でもあった僕自身の問題でもあった。

一九八〇年代中頃、同じ団地の同じ棟の小さな隣人で、僕がよく知っていた少年（小学校四年生）が、「重い重い荷物みな持っている／重い重い荷物休みたい／重い重い荷物おろしたい／重い重い荷物おろせない」（「重荷」）、「仲間　おまえらいったいなにもんだ!!」（「仲間」）、「はったつ、むかしのそうじはほうきで、今はそうじき。人間は今どんどん進歩している。一歩間違えると、死」（「はったつ」）……などというたくさんの言葉（詩）を書き残し、僕の目の前の団地の空を翔んで、自死した。地域社会は少年の死の意味から何も学ぼうとせず、両親の育て方が悪かったと責めた。学校や地域がその少年の死に大きくかかわっていたにもかかわらずである。

深い傷を負った両親と一緒に、有志の市民たちが「O《オー》君問題を考える市民の会」（一九八五～一九九一年）をつくって、少年の自死の真実とその意味について考えあった。僕もそこに一人の隣人として加えてもらって、地域の子どもたちが死なないで生き抜いていくために大人たちは何をどう考え、何をしなければならないか、考えつづけた。

まったく同じ頃、学校に違和を感じはじめていた僕自身の子ども（娘）と、親である僕との関係がうまくいかなくなりはじめる。

「子ども」や「教育」や「地域」の問題を本気になって考えなければならないと思いはじめたのは、その頃である。教育学を専攻してきていながらである。しかも教師でありながら……。

オロカな教師。オロカな親、オロカな夫。

僕自身の人間として生きることとの危機と、「子ども」や「教育」の問題が分かちがたく結びついて存在する……、そういったことを強く感じるようになった。

それがまた、「教育」や「学校」に対する僕の批判を強め、僕が教師として大学という学校で一方的に「教えること」への違和感となって、僕の内面を揺さぶった。

一九八〇年代に一緒にワークショップをやったYIの、前述の文章にある「心のささえ――〈核〉となるもの」、つまり「精神の核」のようなものを、僕自身も見失いつつある時代だった。

一九八〇年代半ばの僕の日録の余白に書きつけられた〈詩〉（のようなもの）である。

浮游

たしかなもの　なにもない／見えない世界だけが　見える
見えない他者だけが　見える／不透明なまじわりを　まじわる
神々の聲　聞こえない／聞こえない神々の聲だけが　聞こえる
ずっと　ずっと前から…
土も風も　におわない／におわない土と風だけが　におう
見えない世界と他者を見ようと／聞こえない神々の聲を聞こうと
におわない土と風のにおいをかぎながら
歩くことを　忘れ
浮游する　…（以下略）…

これは僕の心の隙間に書かれた僕自身の「コメントペーパー」のようなものだ。この少し前の日録の余白にも、「……われとわが身の臓腑をひきずりだして／しなやかな青々とした小枝にくくりつけて／涙も涸らす灼熱の大地へ／旅に出よう／愚かな儀式に訣別して／日常の世界に出会えるかもしれない……」などと書きつけていた。

そして僕は自分のことしか考えられないようになり、いつもどこかへ〈旅〉をしていた。アフリカやアジアへ、また日本のさまざまな地域への旅にもよく出た。それは〈蒸発〉に近い〈旅〉だった。

家族・職業（職場）・地域共同体……などの崩壊によって、それまで日本人を倫理的にも経済的にも文化的にもつなぎとめてきた紐帯が緩み、バブルとアモラルな競争と格差に向かう「個人化」の時代（一九八〇年代）は、子どもや若者のみならず大人たちもまた精神の「崩解感覚」に浸食されていくのである。

僕は授業が苦痛になり、人間である僕の、教師である僕自身の、弱さと愚かさをむきだしにするような授業が続いた。教壇に上がりながら、本当に講義したいことなど僕には何もないのだと、なんど思っただろうか。

ある学生が一九八八年度の最後の授業のコメントペーパーに書いていた。「哀しい、身の張り裂けそうな時間。底なしの沼のように落ち込んでいく講義だった」と。

一九八〇年代、僕がワークショップにのめりこんでいきながらも、それへの違和感を払拭できないで、豊かなワークショップを学生たちと創造できなかったのも、教師である僕自身のそうした精神の溶解状況（危機）が深くかかわっていたのかもしれない。

スタディツアーの時代（一九九〇年代）
――アジアの〈現場〉を歩きながら考える

僕たちが学生たちと毎年アジアの現場を歩きはじめるのは、一九八〇年代最後の八九年の夏からである。直接のきっかけは、その年度に学部を超えたさまざまな専門の同僚三〜四人と、一般教育科目として総合講座「第三世界における開発と文化」を開講したことによる。

これはオムニバス形式の授業ではなく、毎回三〜四人の教師が参加し、受講生（一・二年生）を交えて第三世界の諸問題（貧困・開発・援助・外国人労働者・第三世界文学……）などについて、多彩なゲストを招いて議論しあう授業だった。

初期の頃は授業に参加している教師同士のあいだで激しい議論が起こり、そこへ受講学生がコミットしてきたりで、これまでにないエキサイティングな講座だった。この講座では、希望者（二〇〜二五人）を募り、毎年夏にイサーン（タイ東北部）の農村にスタディツアーに出かけるのが常だった。

一九九〇年代に入ると、日本の大学・短大への進学率は四〇％台から五〇％に近づく（一八七頁のグラフを参照）。同世代の半数が大学（短大も含む）に押し寄せてくる時代である。大学はエリートが学ぶ象牙の塔などというものではなく、むしろ国民教育機関の一つと考えたほうがいいのである。しかし、受け入れる大学教師の側は旧態依然たる考えから抜けだせず、蛸壺に閉じこもったような自分の「専門科目」を押しつけ、「いまどきの学生は勉強しない」「学力が低すぎる」などと嘆きあうばかりである。

学生ではなく〈ピープル〉（民衆・人民・国民）が目の前に坐っていると考えたら、勉強しないとか、学力が低いとか、恥ずかしくて言えないはずである。天に向かって唾するようなものだからだ。お仕着せの高校までの勉強から解放されて、やっと面白い学びができるぞと胸躍らせて入学してきた学生たちは、数か月もしないうちに期待を裏切られ、またたく間に絶望し、身体ごと授業を拒否するようになる。

教師の側もわかっているのだが、これまで身につけてきた自分のスタイルはなかなか壊せない。大学の教師は研究者・学者であって、本当は教えることなんかしたくない、と考えている人たちも少なくない。それは紛れもなく僕の心にも存在する。しかし、若い学生たちの学びたいという欲求が萎えていくさまを見るのはつらかった。

そんな状況のなかで、学生たちの学びをなんとか活性化させたい。学生たちと生き生きとした時間を過ごしたい。これがアジアの〈現場〉に学生たちを誘うようになった僕たちの思惑だった。それと、内向きになりがちな一九八〇年代のワークショップ体験に疲れを感じていたこともあったのかもしれない。

タイの東北地方（イサーン）の農村へのスタディツアーを始めるのは一九八九年のこと。僕たちのスタディツアーは、グローバル化が進展するアジアの農村地帯で、外圧的開発に突き動かされて市場で高利益を得ようとする「売るための農業」（マーケット依存農業）ではなく、内発的な「村人同士が相互に助けあって自立しながら暮らしていくための農業」を実践している村々の農家にホームステイさせてもらう、というものだった。

そこには、農業と密着した森（アグロフォレスト）や水田があり、魚が湧く養魚池があり、水牛がいて家族総出で朝から晩まで働く村人がいて、こよなく村を愛する人びとの暮らしとたたかいがあった。

一回のツアーに教師たち（二、三人）を除いて二〇人前後の学生たちが毎年参加したが、たいていの場合、大学院生や他大学の学生などが紛れ込んできた。出身や経験の異なった人間が入り込んでくると、旅はさらに面白くなる。

事前に現地語の学習をちょっとする以外は予備学習も課題もほとんどなく、教師も学生も一緒になって、自前の生き方・暮らし方をしている人びとのいるアジアの〈現場〉に身を割り込ませてもらって、そこで勝手に何かを見て感じてくればよい、というものだった。

この旅は正規のゼミでもなく、大学から援助をもらったり、科研費を申請したりするようなツアーでもなく、まったく個人的なものだった。しかし、このスタディツアーは参加する学生たちの心を大きく揺さぶる旅となった。そうでなければ、毎年毎年二〇人を超える参加者が長期間集まりつづけるはずがない。

タイでもインド（後述）でも、大きな事故が一件もなかったのは驚くべきことだろう。参加者がすべて自分で選んできたことと、「自分のいのちは自分で守ろう！」という約束事がよかったのかもしれない。大学や教師に依存する旅などろくなことがない、と参加者がみんな知っていたからだろうか。そのとおりで、コーディネーター役の教師たちは例外なくまじめでも律儀でもなかった。学生の評によれば、「どちらかというと、いい加減」というものだった。

ツアーから戻ると、学生たちは毎年分厚いツアー文集を出した。タイ・スタディツアーの文集の第一号巻頭に、当時文学部の二年生だったYM（女子学生）が、次のような詩を寄せている。

どこを見ても／レンガ色の土と／バナナの木があった。
大きなカメには／天からの水が入っていて／床の下には水牛がいた。
空気はゆっくりと流れ／時間も本来のペースで時を刻む
雨期のイサーンは／あまりに美しく豊かで／優しかった。

私達の知らないイサーン／乾期の彼らは
不足する水と乾く田畑と／闘いながら
どんな想いで雨期をまつのだろう

静かに優しいイサーンは
厳しさを背中合わせに持っているからこそ

いつもどこでも／何か知らないものに追い立てられて
抜け道ばかり探そうとしている／私達の心の隙間に触れた。

（『サワディ！　タイランド』一九八九年度、第一回タイ・スタディツアー文集）

世は「カネ余り」のバブル景気がはじける寸前で、東京全体の地価でアメリカ合衆国全土の土地を買い占められるだろう、などという愚かで傲慢な話題が平然と飛び交う時代だった。若者のあいだにも高級ブランド商品が出回り、円高に支えられたリッチな海外旅行が一般化する。「遅れた」「貧しい」アジア観が日本に広がっていった。一九八〇年代後半に日本のあちらこちらで始まるアジア農村へのスタディツアーは、こうした日本の「金満主義」に抗するかたちで行われた。日本社会が追い求める「豊かさ」とアジアの「貧しさ」を突きあわせてみることによって、大地も山も海もそして人間さえも投機の対象にしてはばからない、僕たちの「豊かさ」とは何かを問う旅だった。

このような一九八〇年代終わりから九〇年代にかけて、僕の授業後に提出されるコメントペーパーには、次のような学生たちの「つぶやき」が登場してくるようになっていた。大学で居場所も他者も見つけだすことのできない若者たちの「つぶやき」である。

《隣の奴がバカに見える》

――これは一年生の連休明け頃のつぶやき。偏差値で輪切りされて不本意入学してきた学生たちは、偏差値でしか同級生を評価できないのである。

《ムカツク奴がいるかぎり、イジメはなくならない。イジメられたくなかったらフツーにしろ》

――イジメ問題の討論のあとで出されたコメント。平準化され画一化された学校や社会で、目立たないように息をひそめて生きてきた若者のイラダチが噴き出ている。

《俺たちはみんなプレッシャーでストレスがたまってんだ。いちいち性暴力批判だの、反ポルノだのと言ってもしょうがないよ》

《私は人に合わせることを教えられたが、合わせるフリを学んだ。自分のなかではいつも思っていないことを（自分の）意見として出していた。ただ私自身が見えなくなって流されるから、いまは何も思うこともしない。すべてめんどくさいの一言で片付けてしまっている》

一九八〇年代の状況は依然続く。もっともっとシニシズム（冷笑主義）とニヒリズムが深まっているようである。多くの学生たちがこうした思いを隠しもちながら、隣の学友も教師も学びをも拒否するような身体を見せて坐っている教室で、僕はどう授業をすればよいのか。多くの教師たちが苦悩してきた問題である。私語も年々広がりをみせるようになった。

こうした状況に直面するようになって僕自身が試みてきた方法について、すでに述べてきたことだが、ここであらためて整理してみたい。

① 多種多様な〈現場〉からゲスト・スピーカーを教室に招いて、学生たちに多種多様な世界

のありさまと、そこに生きる人間たちの怒りや悲しみや喜びを伝えてもらう。そうすると毎回、そのゲスト講師の生《なま》の〈現場〉を訪ねる学生たちが現れる。学生たちも身体《からだ》を動かしたいのだが、どうしたらいいかわからなかったのだろう。彼ら／彼女らは小さいときから、社会や他者に身体を動かしてかかわることを、誰からも期待されないできたのではないか。

とくに、横浜・寿町《ことぶきちょう》の寄せ場のドヤ街で毎週金曜日の夜に開かれている「識字学校」の大沢敏郎の現場には、どれほど多くの学生がお世話になったかわからない。この人の〈現場〉は、まさしく学生たちの「アンラーン」（学びほぐし・学びほどき）の現場でもあった。

大沢は僕の友人で、毎年のように僕の授業に来てくれて、無文字被差別者たちの魂がよじられるような学びを語ってくれたものだった。その大沢は『生きなおす、ことば――書くとのちから　横浜寿町から』（前掲）という名著を遺し、二〇〇八年、六二歳で他界した。

一九九〇年代の後半から僕の教室に来てくれるようになる、重度脳性マヒ者の利光徹もまた、浮游する若者たちの心を現実世界と他者にしっかりとつなぎ、生きる力を与えてくれる「アンラーン」（学びほぐし）の名手だった。彼の身体と経験そのものが〈現場〉だった。

② 毎回の授業終了後に提出してもらうコメントペーパーについては先に触れたが、一九九〇年代の中頃から、それがますます僕の授業にとって重要な役割をもつようになった。「隣の

奴がバカに見える」「こんな大学に来るんじゃなかった」……などというコメントに出会ったりすると、とくにそうだ。

「隣」に坐っている若者たち・学友たちが、どんな人生を歩いてきたか、何を考えているか……もまったく知らずに白けきっている学生には、コメントペーパーは大変有効である。教室で黙って坐っている学生たちが一人ひとり多様で、さまざまな人生を歩いてきていて、いろいろなユニークな考えをもっているのを、僕は彼ら/彼女らとの付き合いや、コメントペーパーやレポートなどでよく知っていた。

胸のつぶれそうな人生を生きてきた人、驚くほど深い思索をしている人、自分の力で学資を稼いでいる学生、ボランティアでアジアに出かけていく若者、重い重い病気とたたかいながら通学している「隣」の友人、不条理な差別を耐えしのんできた人……、この教室には本当にいろいろな人たちが学んでいることを、先のようなコメントを書いた人たちに気づいてもらうために、僕はさまざまなコメントペーパーを縮小コピーして、翌週受講生たちに配布し読んでもらってきた。

最初は匿名希望が多かったが、「隣人」たちのことが少しずつわかってきて教室のなかに温かい空気が生まれはじめると、不思議とフルネームのコメントペーパーが増えてくる。

出会ってもみないのに「隣の奴がバカに見える」と感じている人間たちのいる教室で、僕は授業などやりたくなかった。隣人への信頼のない教室でどうして深く考えあう授業が成り立つだろうか。

③　どんな大人数の授業でも可能なかぎりワークショップ（協同作業）を取り入れて、受講生同士の話し合いを保障するように心がけた。また、身体を使った授業やフィールドワークを取り入れるようにした。授業で自由に使えるフロアー空間が大学にはほとんどないことに、僕は正直怒ってきた。机や椅子が固定されていてフリースペースをつくることができない教室にヘタリこんだこともあった。

余談だが、学内にソリースペースが見つからなかったので近くの神社の大きな境内で学生たちとワークショップをやっていたら、宮司さんが現れて「境内使用料五千円也」の請求書を突きつけられたことがあった。いまでもその社務所印の捺された「平成一二年五月八日」付けの「領収書」を大切にとってある。

僕自身、社家（神社）の家系（母方）の生まれなので、なんとも複雑でやりきれない気持ちだった。日本の神社はどこに向かうのだろうか。

④　アジアの〈現場〉を学生たちと歩く。アジアの〈現場〉で同時代の課題（貧困、環境破壊、

相互扶助、異文化衝撃、巨大開発、大都市や日本などへの出稼ぎ、エイズ、売買春……）をともに体験し語りあった学生たちが一人でも二人でも教室にいるだけで、白けきった教室の雰囲気が変わり、教室のなかに学びへのインセンティヴが醸成されてくる。

しかしこれは、アジアの〈現場〉を直接体験した学生たちのなかに起こる、他者や世界に向かい、学びに向かおうとする内面の変化に比べれば、ささやかな副産物のようなものだろう。

僕は一九九四年から南インドのアーンドラ・プラデッシュ州とオリッサ州の州境のダリット（指定カースト）やアディワシー（指定トライブ）の村々に、そして二〇〇〇年からは同じ州のゴダワリ河周辺のアディワシーの村々へのスタディツアーに、学生たちを誘うようになる。インド社会でもっとも虐げられてきた人たちの住む村々である。

二〇〇二年の三月のツアーに参加したRT（女子学生）の文章を紹介してみよう。若い学生たちにとっては、学ぶことと生きることが分かちがたくつながっていることがよく理解されよう。このあたりは、専門家になりきってしまったり、企業の歯車のようになってしまいがちな教師たちにはなかなか理解しがたいだろう。

本来学問とはそのように、生きることと学ぶことのぎりぎりの接点で生まれるはずなのに。

夜になると思いだす。村でのことを。アディーワシーの歌、アディーワシーの踊り。月あかりのもとで子供達と踊った。夜になると思いだす。ムレリさん（現地のＮＧＯのリーダーの一人）の言葉。遠くに見えるユーカリの林を見ながら。「インドにはユーカリは沢山ある。でも、インド人が使うのは質の悪い紙。質のよい紙はみな輸出される。」「日本には森はあるか？」「自分の国の森は守り他の国の森を破壊している。」「何しにここへ来たのか？」「日本に帰ってここへ来たことをどう活かすのか？」
村人の言葉「この村に生まれたのだから幸せだ。」 あぁ、私は逃避している。自分が置かれた状況から逃げている。どこへでも行けることを利用して。地に足をつけて生きていきたい。いつか伝えていきたい。見たもの聞いたもの全てを。

（『インドツアー文集』二〇〇二年度版）

一九九〇年代に入り、短大も含めた大学進学率が同世代の半分に近づいてきたことは先に触れた。大学は中学校や高校と同様に、よき市民・よき国民の養成機関となった。だが、多くの大学が自らの進むべき道を見つけだせないでいる。企業や世間の身勝手な目先の期待や評判に汲々としている。

文部科学省の大学行政がまたそれに拍車をかける。一九九一年に大学設置基準が大綱化（規制緩和）された。それによって各大学は、卒業必修単位一二四単位を守りさえすれば何をやってもよいという幻想を与えられ、厳しい競争を強いられるようになった。

日本の各大学は、学生や第三者機関による授業評価・大学評価を求められ、特色あるカリキュラムの作成、地域社会や企業との提携、留学生の受け入れ、セメスター（二学期制）やインターンシップ（企業などでの実習体験）の導入、入試改革、独自な財源の確保……など、ありとあらゆることに取り組まなければならなくなった。研究や教育どころではなくなったのである。

新自由主義時代における大学の市場的再編が始まった。そして大学の淘汰も始まった。各大学は、教育市場の「消費者」である学生に対する教職員による「サーヴィス」提供の競争に血眼になりはじめた。

一部上場企業に何人就職させるか。現役学生を何人公務員や教員にしたかが問題であって、せっかく就職したのに、卒業生たちがなぜすぐ退職してしまったりするのか……などは、大学にはもはやどうでもいいことなのだ。若者をひきつけるファッショナブルな校舎、海外旅行やパソコンの供与、高校生の体験入学、高大連携（高校への出前授業など）……、「消費者」へのサーヴィス競争は年々激しさを増している。

大学は一方で、マスコミなどからの「低学力批判」（算数のわからない大学生等々）、「コミュニケーション不全学生の増加批判」などにおびえ、基礎学力講座（漢字の書き取り練習に類したものも多い）やコミュニケーション講座などを置いて、対策に余念がない。クラス担任制などはどこでももう当たり前になった。

大学はますます社会や世界の〈現場〉から離れ、I・イリイチではないが、ますます若者を「幼児化する機関」になろうとしている。

社会も国家も目先の問題の対応に追われて長期的展望を立てられないでいるが、それは大学もまったく同じである。大学が一番遅れているのかもしれない。

自分が一人の人間として、誰とどこで、どのようにして生きていくのか。そのために、何をどのように学んだらいいのか。そういった学生たちのきわめてまっとうな要求や願いから遠ざかっていく。長期間旅に出たり、ボランティアをしたり、専攻などとは関係のない「無駄な」勉強をしたり、小説に読みふけったり、休学して働いてみたり……、そんな学生をゆったりと見守る余裕を、大学も社会もなくして久しい。そんな日本の大学に見切りをつけて、外国の大学を受験する若者も増えている。

そんな状況に危機を感じたか、東京大学が新入生に対して一年間の「特別休学」制度を二〇一三年度から導入するという。その内容は海外留学、ボランティア、インターンシップなどを想定したものだそうだ。休学中の学費は不要のうえ、大学から五〇万円の補助が行われるとか。最初は新入生約三〇人が対象だという。（朝日新聞、二〇一二年一一月一四日）

東大といえども、大学という同質空間のなかだけでは、新入生に対して確かで持続的な学びの動機づけを与えることに困難を感じている証拠だろう。

インドツアーの継続と岩手の森での間伐体験（二〇〇〇年代）
――歩きだす若者たちとともに

僕らが学生たちとアジア諸地域を歩くようになった一九八〇年代末から九〇年代にかけては、日本にとっても世界にとっても激動の年月だった。

中国では民主化を求める若者たちの叛乱が天安門で起こり完膚なきまでに弾圧された（一九八九年九月）が、その五か月後には東西ドイツを隔てていたベルリンの壁が民衆の手によって破壊され、翌年（一九九〇年一〇月）、東西ドイツは統一する。

一九九〇年二月、二八年間も投獄されていた南アフリカのネルソン・マンデラが、国内外の反アパルトヘイト闘争の盛り上がりによって釈放された。そして彼は、九四年五月に初代大統領に選出され、三世紀半続いた白人支配体制は崩壊した。（これによって、一九六〇年代後半から一市民としてかかわってきた僕の反アパルトヘイト運動も終わった。）

一九九一年八月にはソヴィエト連邦が瓦解し、東西冷戦体制が終結する。世界の覇権を握ったアメリカはその機を狙っていたかのように、中東に巨大な軍事力を送り込んで湾岸戦争（一九九〇年一月）からイラク戦争（二〇〇三年三月）に突き進んでいく。

日本の支配層は、政治・経済・軍事・文化の全面にわたってアメリカ帝国と一体化する傾向をいっそう強め、一九九一年四月にはペルシャ湾への自衛隊派遣を決定。九二年九月には自衛隊のPKO派遣部隊第一陣がカンボジアに向かった。

二〇〇〇年代に入るや、自民＝公明連立与党の独裁的な国会運営によって「テロ対策特別措置法」（自衛隊の米軍後方支援）などのテロ法が二〇〇一年に、二〇〇三年六月には「有事法制関連三法」が、同年八月には「イラク復興支援特別措置法」（「非戦闘地域」への自衛隊派遣を可能にするもの）が、それぞれ成立した。

二〇〇六年一二月には教育基本法が大きく改定され「平和を愛する個人・市民・国民」の育成から、「伝統を尊重し、国と郷土を愛する国民」の育成へとトーンが変えられた。グローバリゼーションによって避けられない「個人化」の動きを、「国民化」（ナショナリズム）の強化によって抑え込もうというわけであろうか。

一九九一年頃から日本社会はバブル経済崩壊の兆しが明確となって、長い不況時代に突入する。企業はこぞって新入社員の採用を手控え、また中高年のリストラ、そして大量の派遣社員・短期契約アルバイター・外国人労働者の採用、工場の海外移転……などで生き延びようとした。

一般企業だけでなく自治体や公共企業体の雇用形態も変質し、正規採用社員・労働者が大幅に減少し、いつでも解雇可能な短期・臨時・非正規雇用が多くなった。主として、若者・高齢者・女性・障がい者・外国人労働者などが犠牲になった。採用の手控えやコンピュータ化などによって正規社員の労働過重は極点に達し、精神を病んだり自殺したりする人たちが増えていった。一九九八年から二〇一一年までの一三年間、日本の自殺者はつねに三万人を超えつづけている。G8諸国・OECD諸国のなかでの自殺率は日本が一番高い。

一九九〇年代初頭のバブル崩壊から、景気が上向きになり雇用が回復しはじめる二〇〇〇年代初期までは、「若者受難の時代」とか「失われた一〇年」とか呼ばれたりする。こうした厳しい状況のなかで、所与の制度になるべく依存しないで、自分自身の力で道を切り開いていこうとする若者たちが、以前に増して出現してくるのは当然だろう。

薬害エイズ、震災、環境破壊や汚染、反戦平和、不登校、貧困、格差、障がい者や老人介護、農業や林業……などの問題で、若者たちが身体と心を動かして街頭に、田畑や海や森に、隣家の扉の前に、海外の〈現場〉に……出ていくようになった。こうした動きは一九九五年一月の阪神淡路大震災、それと前後して広がる反「薬害エイズ」キャンペーンの盛り上がり〔厚生省〔当時〕を取り囲む「人間の鎖」〕あたりから現れはじめるが、それが二〇〇〇年代には誰の目にも明らかなものとなった。

しかし、若者たちがさまざまな〈現場〉での体験や経験知を身体に溜め込んで大学に戻ってきても、残念なことだが、これを受けとめて大学と学問を活性化させる受け皿を、日本の大学はほとんどまだもっていない（二〇一一年三月一一日の東日本大震災以降、少しずつ状況は変わりつつあるようだが）。学びのインセンティヴが他者や世界や自然との出会い・向きあいのなかにしか存在しないことを忘れている。

学生たちの学びたいという欲求は、彼ら／彼女らの社会的・市民的成熟と重なりあいながら深まっていくのである。

学生たちは将来の自分の生き方とかかわって、〈現場〉での生々しい学びを大学での学びにつなげようと必死になっている。学生たちが希求しているのは、よき市民であると同時によき職業人たろうとする学びである。

こうした思いを受けとめてもらえずに、大学に見切りをつける学生たちも少なくない。南インドのスタディツアーに三年も続けて参加してきたKAも、そうした若者の一人である。彼女はいま、精神保健福祉士の資格を取り、心を病んでいる人びとに寄り添う仕事に就いている。彼女はまた、学生時代からの延長で、親しい友人たちと有機農業や平和にかかわる活動も大切にしている。

食べて、歌って、騒いで、泣いて、笑って、感じて、見つめて、そんな暮らしの中の小さなことたちに喜びを感じながら、尊びながら、生きたい。そういった生を獲得するために、GBAG（インドツアーを受け入れてくれる現地のNGO——引用者）の人たちはアディワシー（先住民族）と、私は日本で誰からも生きてていいんだよと言われない人たちと、寄り添いながら生きる。

…（中略）…既存路線に惑わされて自分の道を見失いそうになっていた私は、先ずは自分の人とのかかわり方や、もの、自然とのかかわり方を見直す必要があると思った。あぁだ、こうだと世間や社会に文句を言ったり思う前に、先ずは自分じゃないか。自分の生き方、人、モノとのかかわり方を見つめなおそう。

そんな思いつきと実践をするためのモチベーションを私はいつもインドから持ち帰ってくる。そしてそのたびにインドに励まされた。インドで出会った人やもの、それらを包み込む自然が、私の胸の中に生きている。身体の隅々で感じる。…（中略）…あの光景は忘れられない。太鼓をたたきながら、叫びながら、踊りながら、熱い大地を皆で歩いた。ファイヤーズとプラサードがあの熱い眼差しで両手を挙げて叫び……ダムができたら、先住民族独自の文化や暮らし、生き方すべてが水の底に沈む。

そして、それを守ろうと必死になっているGBAGの彼らもまた殺される。サポートしているアディワシーとその大地がダムの底に沈むということは、彼らがしようとしていること全て、彼らの人びとの生き方が否定されることになる。突発的に行われた（アディワシーの村での――引用者）マーチに参加してそう強く思った。

（『GODAVARI』インド文集、二〇〇五～二〇〇六年）

若者たちのあいだに、このように迷いながらも他者や世界に向かって自分の力で歩きだそうとする動きが少しずつ顕著になってきているのは確かだが、まだまだ社会や他者に背を向けて閉じこもろうとする人たちも少なくない。

一五歳から三九歳までの間で六か月以上の「ひきこもり」は約七〇万人で、「ひきこもり親和群」は一五五万人にのぼる、と内閣府は二〇一〇年に発表している。幼児・子ども期に両親などから虐待を受けた経験をもつ若者たちも多い。小・中・高校時代の被イジメ体験で苦しんでいる学生も多い。リストカット経験をもつ学生のいない教室のほうが珍しいくらいだ。

二〇〇〇年代に入って、学生たちがコメントペーパーやレポートに書き残している「つぶやき」のいくつかを見てみよう。

《色んな道があって、そこに色んな可能性があるのに、（自分の）狭い考えによってそれを消し

てしまう――それが、私にとって暴力です》
《相いれない人と話さなければならない場がつくられること、それが私には暴力です》
――以上二つはいずれも、二〇〇五年度の一・二年生のあるクラスで「あなたにとって暴力とは何か」を尋ねたときのコメントである。

《自分が消えるか、まわりを消すか、それだけを考えていた》
――中学・高校とイジメを受けてきたという学生の独白（二〇〇六年）。

《まわりからどういうふうに自分がみられているか……それが怖い。また、私は自分が確立できなくても、同じような思いで生きている人たちの中で生きていけたら幸せです。心からそう思うし、きっとそういう人たちのほうが現代には多いです》――（二〇〇七年）

このような学生たちに向かって、毎年僕は「インドへ行ってみないか」と呼びかけてきた。自分の悲しみや弱さを中心に地球が回っているわけではないことに気づいてもらいたいからである。二〇〇〇年からは、前に行った若者たちとMTK（インド森の民の暮らしとつながる会）という小さなNGOをつくってスタディツアーを運営してきた。このインドツアーには、一九九四年から二〇〇八年までの間に通算二〇〇名ほどの学生が参加した。

ひょんなことから、二〇〇四年からは同僚の柿沼秀雄と一緒に「岩手県紫波町の森へ、間伐に行ってみないか」と呼びかけるようになった。四方八方を森で囲まれた紫波町は、地産・地消、循環型まちづくりで有名な町である。町の保育園・小学校・中学校・駅舎など多くの公共建築物が、町の木材と町の大工や建設業者や製材所の技術でつくられている。

その紫波町の人手がなくて崩れかけている森に入って、村を守っている地元の住民たち（老人が多い）と一緒に、下草刈り、枝打ち、間伐、間伐材の運び出しなどの作業をするのである。

この現場体験のきっかけは、友人たちと紫波町の見学に行った折に、地元の森の番人のような高橋米勝（NPO法人「紫波みらい研究所」代表＝当時）と出会い、里山の荒廃を訴えられ、大学に帰ってから学生たちに相談してみましょう、ということから始まった。

最初はタイやインドツアーで知り合った学生たちの参加が多かったが、年々三〇～四〇人の多様な学生たちが参加してくるようになった。大学の職員・資料室員の飯田愛子と高橋和枝が最初から手伝ってくれている。

毎年、藤原孝町長をはじめとする町の重鎮の方々が、受け入れ部落の方々とともに歓迎の宴を張ってくださる。三回目（二〇〇六年八月）の間伐体験者のなかから「森木会《しんぼくかい》」という学生サークルが誕生し、その年の秋から紫波町の間伐材で製作した木製プランター（最初は三〇鉢から）でコンクリートばかりの渋谷キャンパスに季節の花々を咲かせている。

間伐の呼びかけ、現地主催団体の「紫波みらい研究所」との交渉、ツアーの運営、文集づくりなど、すべて「森木会」のメンバーが行っている。

次に「森木会」の初代代表となったＹＹの文章を引用する。

僕は大学では歴史学が専門になるのですが、紫波町とかかわるようになって日本の森林に興味がわいてきました。…（中略）…日本近代に入ると、森や里山は薪炭や木の実・きのこを得るといった共同利用での生活の場から「稼ぎ」の場になっていきました。紫波町でも、従来の里山で調達した馬の飼葉をある頃から現金による「払い下げ」によって手に入れるというようなことがあったそうです。（『紫波町史』より）

資源を得るためにだけに特化した山林や、生活から切り離された森には、やはり人々の関心は集まりにくいのだと思います。共同で里山を利用していた「地域のつながり」が薄まっていったのも、同様に関係があると思います。そういった一度は途絶えた関係性を再び結いなおし、森と、地域とで生きていこうとする紫波の人びとはとても魅力的です。みなさんの持つ「未来をつくり出す」ちからに励まされ、僕たちも少しだけ強くなり、元気になれる気がするのです。

（『間伐体験文集』二〇〇六年）

彼はいま、紫波町に移住して岩手県の林業組合で働いている。森林の伐採や管理の仕事とともに、暇を見つけては町の子どもたちに森の豊かさと楽しさを伝えるボランティアなどを行っている。間伐体験ツアーで紫波町にやってきて新町民になった者はまだいる。

ＤＳは、一緒に参加したＭＩと結婚して、紫波で農業や食べものづくりの仕事をしている。自立した農民を目指している。そして二〇一二年、農家として独立した。二人のあいだに赤ちゃんが生まれたから、新町民は四人になった。

二〇一一年八月、八回目の間伐作業の合間を縫って、ＮＰＯ法人「紫波町みらい研究所」と國學院大學のあいだに「連携・協力に関する基本協定」が調印された。これまでまったくボランタリーな間伐・交流であったが、九年目の今年から少し「パブリック」な様相を呈するようになるが、実質はたいして変化ないだろう。

大学側としては、自然や地域から疎遠になりがちな都会の学生たちに、日本の森や樹木、そして地域住民によって担われてきた多様な生活文化と、学友や地域住民の方々と一緒に働くことによって出会ってもらい、一人ひとりの学ぶことの意味、生きることの意味の探究の糧にしてもらいたい、という思いがある。学生と大学の活性化のためには、こうした課外のプロジェクトは不可欠である。だが持続は容易なことではない。単位などとつなげて制度化すれば持続していくかもしれないが、学生一人ひとりのボランタリーな選択が失われやすい。
一方、地元の受け入れ側としては、このプロジェクトが、四方を森に囲まれた紫波町のさまざまな集落の人たちが自分たちの暮らしや文化を育んできた紫波の里山をみんなで力を出しあって手入れし保存していく、そのきっかけとなってほしいと願っているようである。
里山の手入れと保存は町が進めている「循環型まちづくり」には欠かすことができないものであろう。それにしても少子高齢化やコミュニティの崩壊による生活様式の変容にともなう人びとの意識の変化のなかで、こちらも持続は並大抵のことではないだろう。

来年（二〇一三年）で、この間伐・交流プロジェクトは一〇年を迎える。参加した学生たちが毎年、編集・発行してきた「文集」を通読しなおしてみることによって、彼ら／彼女らが何を学んできたのかを、できるだけ彼ら／彼女らの生の声を生かすかたちで、僕なりに整理し、以下にまとめてみたい。

柴波町の里山への間伐・交流体験で考えたこと——参加した学生・若者たちの声、いくつか

（1）柴波町への間伐・交流体験が〈自分の故郷〉のことをあらためて振り返るきっかけとなった。また、柴波に行ってはじめて、森のこと、農業の暮らし、自分でつくって食べるということ、安全でおいしい本物の食べもののこと……などを考えるようになった。
（2）森とかかわり、森や木の話を地元の人たちから聞き、また、一〇〇年後の子どもたちに引き渡そうとする柴波町の「循環型まちづくり」に接し、未来（未生のいのち）への責任を考えるようになった。
（3）間伐作業の協力体験を仲立ちにして、かけがえのない新しい友だちがたくさんできた。不透明だった私の大学生活に鮮やかな色彩が生まれた。大学が「私の／僕の大学」となった。
（4）柴波の森とその匂い、空気、夜明けの風景、朝の霧のような雲、森の生き物たち、柴波の人びとの暖かいもてなし、食べ物のおいしさ、豊かな人間の言葉（方言）と身ぶりと表情……たくさんの大切なものをいただいた。返礼できるものではないが、誰かに手渡していきたい。
（5）内に閉じた過剰な自意識を、森の木々や道具（なたやのこぎり）との汗だくの対話を通して内省してみるために、僕は柴波の森へ行くのではないだろうか。
（6）友人や地元の人たちと、ぐしょぐしょに汗をかいて、泥だらけになって、森の木々と格闘（肉体労働）しながら、自分が誰かと、何かと、いま確かに、ここにいる、ということを実感した。こんな経験は初めてだった。
（7）私たちはボランティアをしに来ているのではなく、地元の人たちにボランティアされに来ているのではないか。民泊や公民館で精一杯のお世話をしてもらって、そう思った。
(8)「木—道具—人(私)」との働きかける/働きかけられる関係、相手の状況を配慮し、それに応じて行動する。そして相手がそれを評価する。人(私)は嬉しくなる。人と人、人と物、人と道具……それが、あらゆる関係性の基本だと思った。
(9)間伐を体験して初めて、森と住民との文化的・社会的・歴史的関係、森と川や海との関係などを考えるようになった。
(10)一〇〇人近い、都会の若者たちと土地の人たちが、歓声を響かせ合って働いた、あの薄暗い森の上から下への「丸太出しリレー」は、間伐体験七年目にして打ち立てられた「間伐芸術」だった。あれは、宮澤賢治のうたった「藝術もてあの灰色の労働を燃やせ!」(農民藝術概論綱要)の、その「藝術」だったのではないだろうか。

いま、大学は何をすべきか
——学びの動機づけを回復するために

これまで僕が学生たちから受け取ったコメントペーパーから、気になるネガティヴな「つぶやき」を紹介してきたが、ポジティヴなものもけっしてなかったわけではない。なかでも、近代の大学の学問や科学が依拠してきた人間中心主義に対して、人間と他の生命体である動物や生物との平等な生命観に立った共生の思想などは、もはや若い世代の常識にすらなっている。

学生たちの多くはいま根源的な学び、つまり自分の生き方・メシの食べ方と他者や他の生命体と互いに排除しあわない、相互受容的なつながりをどのようにつくりだすか……、そういった学びを求めはじめている。それも、迷ったり、回り道をしたりしながら、じっくりと時間かけて。迷い、苦しみ、回り道する……のは、若者たちの特権だ。

大学は、僕たち大学の教師や職員は、学生たちのそうした根源的な学びの欲求や願いにどう答えていけばいいのか。最近になって文部科学省が推奨しはじめた「キャリア教育」などは、現実の社会・産業システムに手っとり早く学生をはめ込むことだけを目指してはいないだろうか。大学は学生一人ひとりの社会的・市民的成熟を目指したカリキュラムを用意できているだろうか。

日本の若者たちは、一人の責任ある人間として、市民として、責任ある社会の構成員として、社会の形成や政治の変革にかかわる（参加する）ことから排除されてはこなかったか。もしそうだとすれば、これもまた「豊かな」社会の子ども・若者に対する社会的排除（social exclusion）であろう。

大学でもまた学生たちは、自由で主体的な学びや教育、自由で主体的なサークル活動、管理運営、教育内容の決定……などから排除されてきた。「学びからの逃走」や「私語」が日常化するのは、ひとり学生だけの責任ではないだろう。

学びたいという欲求は、一人の人間として他者や他の生命《いのち》とともによりよく生きたい、という欲求に支えられなければ生まれない。他者や他の生命とともによりよく生きたいという欲求は、当然のことだが、他者や他の生命と直接向きあい、交わりあって、他者や他の生命と自分自身の生命を支える社会の維持・形成・変革に責任をもって参画しなければ生まれようがない。

欧米の大学が何よりも若者の人間的・社会的・市民的成熟を大切にしてきたのはそのためである。この他者や他の生命《いのち》と自分自身の存在を支える社会の維持・形成・変革の〈現場〉こそ、大学における学びと教育の源泉である。

これまで、僕自身が学生たちとともに経験した〈現場〉体験を通して考えてみるとき、いま大学の教育や学びに何が欠落しているのか、それを最後に箇条書きにまとめてみることによって稿を閉じたい。

以上述べてきたことを整理するかたちで、「今日、日本の大学に欠落している学生たちの学びのために重要な刺激要因（incentive factors）」を順不同にあげてみると、次のようになる。

■大学は、学生を一人の市民、一人のピープル、一人の主権者とみなし、そのように扱うこと。そして教師は、制度上の権威と学問的権威を混同しないようにしよう。

■生きてきた経験――学生・教師・職員一人ひとりの経験やさまざまな異質な他者の経験、あるいは地域や民族の歴史的経験などが、大学の学びと教育の重要な財産として大事にされること。

とりわけ、大学における学びの主体である一人ひとりの学生の経験（一人ひとりの「わたしの物語」）が大切にされること。そして、学生同士の経験の共有が保障されること（学生同士の学び合いの保障）。教師は授業でのもっとも大切な教材が目の前の学生自身の経験（経験知・市民知）にあることを忘れてはならない。

■一人ひとりの学生がかかえている多様な〈違い〉、とりわけ差別や排除の対象とされやすい〈違い〉が学生同士で、また大学の教職員によって受容されること。僕がこの一〇年ほどのあいだに教室で出会った学生のなかだけでも、ゲイ／レズビアン／バイセクシュアル／性同一性障がいなどの性的マイノリティ、広汎性発達障がい、長いひきこもり経験者／現在もひきこもっている人、吃音者、難聴者、肢体不自由者、在日韓国・朝鮮人、中国残留日本人の子ども、幼児期・子ども期に被虐待経験を有する者、長期不登校経験者、ネット（ゲーム）中毒者、うつ病・統合失調症のある人、いじめのトラウマをもつ者、リストカットやアームカットなどのボディカットをやめられないでいる人、化学物質過敏症のある人、摂食障がいのある人、家族解体経験者……、ほんとうにたくさんの〈違い〉をもった学生たちがいる。

こうした〈違い〉が大学に受け入れられ、それを隠さなくとも彼ら／彼女らが安心して学ぶことができるためには、大学が社会に存在し排除されがちなさまざまなマイノリティを学生として、またゲスト講師として受け入れるよう努力すること。

■大学内に一人ひとりの学生の居場所を保障する。学びと教育での学生の多様な選択と参加を保障すること。一日中、誰とも口をきくことなく下宿と大学を往復している学生がいる。

■現実世界の〈現場〉で起こっていることと既存学問とが往還しあうヴィヴィッドな教育内容を学生に保障すること。教育内容の科学化と意味化・現代化の重要性。

■身体性とエロスの回復。言葉で、それも権威主義的な書き言葉（文字）を学生に押しつけてきた大学の学びを反転するために、座学、ワークショップ、現場体験のコンビネーションとアンサンブルが大切である。

エロスを誤解しないように。語り合い、身ぶり、しぐさ、受容の眼差し、触れ合い、表情、声の抑揚、ともに在ることのよろこび、発見の驚きの共有……、これらすべてエロスによって孕まれている。

■信頼関係（学生同士、学生と教職員のあいだの相互の信頼と受容の関係）の創造。そのために三者が対等な関係で出会い、何か一緒にやることのできる場・機会が必要である。信頼関係のない大学や知り合いの居ない大学に、学生の足は向かない。

大学の授業、ゼミナール、スポーツ、〈現場〉体験、行事などへの学生一人ひとりの主体的参加と共同作業の保障。

学生や教職員が結束しあい一体感・連帯感を感じあうことのできる非日常的祝祭の創造と、それへの学生・職員・教員の自主的な参加の保障。職員の権利と自由が保障されている大学では、また、学生と教師の権利と自由が保障されている場合が多い。

■教育と研究の礎《いしずえ》である自由・寛容・批判精神を大切にしあうために、他者を誹謗中傷・排除するものではないかぎり、学生・教師・職員のあらゆる意見・表現を尊重しあう。右であれ左であれ、思想的マイノリティを排除しない。

■可能なかぎり日本や世界の現実社会の〈現場〉とつながった生きた学びの保障。過疎で悩む自治体や現在交流しあっている市町村などと提携して「大学の森」「大学の畑」などを開拓する。遅々として進まない三陸の震災地や老人だけになった村などに、持続的な「ボランティアセンター」や「交流・応援センター」などを開いたらどうだろうか。

それは学生たちの社会的・市民的・人間的成熟を応援するためでもある。

■近年どこの大学でも増加しつつある、海外からの短期・長期の留学生や外国人学生は、日本人学生とは異質な学び方と思考方法を身につけている場合が多く、その意味で日本の大学にとっては重要な異質な〈他者〉である。彼ら／彼女らは日本人学生一般と比較して、総じて社会的・市民的に成熟していて、授業にも主体的に参加し、けっして授業の受け手だけで満足しない。

彼ら／彼女らを日本の大学のカリキュラムに適応させることだけを考えたり、日本人学生から隔離してすべて特別メニューで教育したりせずに、日本人学生と向き合わせ、学びへの姿勢をぶつかり合わせ、授業の活性化をはかることは大事なことである。

言葉の障害などは、工夫次第でなんとでもなる。主体的な学びに慣れた学生の増加は、大学の当局に授業内容・形態・方法（ソフト）のみならず、大学の建築様式（ハード）そのものの変革をも迫っていくようになるだろう。

■これまで述べてきた、教室や研究室を飛び出して日本の諸地域や世界の現場で学ぶ〈現場〉体験には、当然のことながらさまざまな危険や困難がともなう。しかし、若者たちが近い将来社会に出て直面するであろうさまざまな危機を乗り越えていくためには、この〈現場〉体験はまた、〈危機管理・危機克服〉の学びとしても重要になってくるだろう。
現在大学で学んでいる若者たち、これから大学にやってくる若者たちの明日の職場・仕事場は、間違いなくアジアであったり、アフリカやラテン＝アメリカであったり、極寒の地であったり、砂漠であったり、日本各地の森林や海洋や河川であったり、過疎の農山であったり、中小企業の現場だったり、医療や介護の現場だったり、ひょっとすると宇宙空間であったりするかもしれないのである。

危険のない〈現場〉など存在しない。

＊——本稿は、二〇〇七年七月七日、國學院大學渋谷校舎で開催された公開フォーラム「現場と世界につながる環境総合教育——地域と国際を結ぶフィールド実践による主体形成」（二〇〇六年度文部科学省現代GP「持続可能な社会につながる環境教育の推進」部門採択）で口述発表した内容を骨子にして文章化し、二〇〇八年三月発行になる『國學院大學教育学研究室紀要』第四三号に掲載したものである。

本書に収録するにあたり、二〇一二年五月、新しい書き下ろしほどに、大幅に加筆・修正した。

エピローグ◆3・11後を生きる

まだ行方不明者が死者よりずっと多かった頃、三陸海岸沿いの宮古・田老・釜石の市街地や海沿いの地域の、褐色の砂嵐が春の粉雪とともに舞う瓦礫のなかを、どこまでもさまよい歩いた。田老地区は津波で壊滅状態で、人影はもちろんのこと町並みの影すらなかった。死者たちの上にオレは立っている。

カラハリ砂漠に隣接するボツワナはモロポローネ村の荒涼たる黒人墓地で行われた、飢えや病で命を落とした村人たちと、南アフリカから亡命中に暗殺された反アパルトヘイトの「自由の戦士」の葬儀に参列した時の思いに、それは似ていた。あの時も褐色の砂嵐が舞っていた。オレはいま、死者たちの上に立っている。三陸の場合もモロポローネの場合も、死者の「ほとりに」立っているという思いよりも、死者たちの「上に」、オレは立っているという思いが強かった。

三陸海岸の歴史は大地震、巨大津波や高潮との、また飢饉とのたたかいの歴史だった。近世に入って記録が整備されるようになって以来、三陸海岸地域は三〇〇年間に二二回も津波や高潮に襲われている。一八九六（明治二九）年には二万一九五三人の死者と四三九八人の怪我人が出ているし、一九三三（昭和八）年には死者行方不明者あわせて二九五五人に達した。

陸前高田の海岸の松原は明治二九年以来の大津波対策のために植えられ、また昭和九年の大津波を教訓にして海外居住を断念して、高台や傾斜地に分散移住する集落が多くなったと、かの地を歩いてきた宮本常一は報告している[1]。

生き残った人たちは先人たち同様に死者たちの無念を力にし、未生の子孫たちに思いを込めながら、一つひとつ新しい暮らしを、新しい工夫によって築き上げてきた。私が歩いた街や村でも、もうその作業は始まっていて、人間というものの〈すごさ〉に私は圧倒された。人が生きるということは、死者たちとこれからやってくる未生のいのちとの橋渡しなのだ、という思いを強く感じたものだった。

だが三陸を歩きながら、身体と精神の深い部分でうごめきだしている光のない〈不透明な意識の星雲〉のようなものを、私は感じ始めていた。それは同じ3・11の巨大地震と津波を契機にひきおこされた東京電力福島第一原子力発電所の事件にかかわるものだった。

原子力工学や遺伝子工学のような、後期資本主義を特徴づける超高度科学技術がはらむ「潜在的副作用」(2)としての、今日のような途轍もないその処方すら定かでない事態（リスク）との遭遇が予想されていながら、それに対応できる技術も知識も政治も、そして倫理も哲学も、私たちの社会は用意できていなかったことが白日のもとに曝けだされた。

巨大資本・巨大システムのしもべとなりさがり、市民に原発の安全神話と果てのない経済効果（成長）を吹聴してやまなかった企業人・政治家・科学者・ジャーナリスト・裁判官たちの罪深さは万死に値する。そしてそれを許し、巨大システムに呑み込まれ、排他的な「安楽への全体主義」にまどろんできたのは、私たちオロカな市民であった。

市民はみんなオロカなわけではなかった。反対派と推進派住民の苛酷な対立と分裂を乗り越えて原発の導入を阻んだ新潟県の旧巻町（現新潟市）、和歌山県日高町、三重県南伊勢町、徳島県阿南市、石川県珠洲市、高知県窪川町などの地域の市民たちや、また原発災害を早くから警告していた高木仁三郎（故人）のような科学者たちが存在したことを、私は忘れてはいない。

巨大な原発産業システムに依存しなければ暮らしが成り立たない情況に追い込まれていた、東北や北陸の過疎地の原発関連企業で働く人たちのことを、私は「オロカな市民」などとはとても言えないし、言う資格も私にはない。それでも、そうした地域で孤立無援になりながらも、原発産業に依存することを潔しとしない人たちがいたこともまた、私はけっして忘れない。

神々と祖先からの贈与である空気と水と土にたいする汚辱（汚染）は、額に汗して働く農民と漁民と森に生きる人たちから、自然に依存し寄り添いながら、自然に感謝と祈りをささげて生きてきた人間《いのち》の希望と誇りを奪いとってしまった。まだ歴史に参加したこともない小さないのちや、これから生まれ来るいのちを蝕む権利などは、神や仏にさえない。

福島県民をはじめとする何十万、何百万の人たちが、見えない放射性物質の恐怖に怯えながら暮らさざるを得なくなった。誰の目にも見えない、臭いもまったくしない、重さも音も無い放射能の恐怖は、人と人、人と動物、人と自然、人と仏や神々とのあいだに、そしておのれ自身の内面に、亀裂と分断と疑心暗鬼と弧絶を、じわじわと押しつけてくる。

この怯えと疑心暗鬼と閉塞感は、放射線量の減らない福島県内で暮らす被災者やフクシマを逃れて各地を転々とする原発被災者たちに一度でも出会ったことのある人には、また、住民の姿が消えてしまった広大な「居住制限区域」「避難指示解除準備区域」「計画的避難地域」「帰還困難地域」「警戒区域」などに足を踏み入れたことのある人には、少しは実感できるかもしれない。

だが、フクシマの家族、友人、村民・町民・市民、職場の同僚などのあいだに深刻な亀裂と人間的葛藤が生まれ、そして、そうしたフクシマの原発事故によるすべての被災者たちと3・11の原発被災を免れた日本全体の市民・国民のあいだに、修復しがたい内面の亀裂・葛藤が生まれていることに、私たちはなかなか気づくことができないでいる。同様の修復しがたい亀裂は、巨大な米軍基地を押しつけられた沖縄県民と基地負担を免れている本土の国民や市民のあいだにも生まれている。これらの市民・国民間の深い亀裂に一番気づいていないのは、日本の政治家たちや大企業の経営者たちかもしれない。

この亀裂とフクシマ／沖縄の人たちに強いられている絶対的な孤立（感）が、今日の日本社会全体を覆う不安、不信、虚無／冷笑主義、排他主義、不透明感……の根源となっている。哲学者の高橋哲哉はこの社会の構造を「犠牲のシステム」[3]と呼んだが、それは杳《よう》として見えない「暴力のシステム」でもある。

この「犠牲と暴力のシステム」は、東京電力福島第一原子力発電所の爆発事故を引き起こし米軍と米政府に従属しながら倫理と責任をどこかに置き忘れたまま膨張しつづけてきた、日本の巨大システム社会の〈落とし子〉である。

いまから四半世紀以上もまえから、当時の国策企業であったチッソ（今回の原発事故を起こした東京電力と体質が酷似している）との熾烈な闘いをつづけてきた、九州・不知火《しらぬい》の漁民で水俣病患者の緒方正人が、自らと私たち一人ひとりに次のような問い（生き方の選択）を突きつけてきていたことを、私はいま思い起こしている。

……（中略）……私たちの生きている時代は、たとえばお金であったり、産業であったり、便利なモノであったり、いわば「〝豊かさ〟に駆り立てられた時代」であるわけですけれども、私たち自身の日常的な生活が、すでにもう大きく複雑な仕組みの中にあって、そこから抜けようとしてもなかなか抜けられない。まさに水俣病を起こした時代の価値観に支配されているような気がするわけです。

私たちはまさに今、チッソ的な社会の中にいると思うんです。ですから、水俣病事件に限定すればチッソという会社に責任がありますけれども、時代の中ではすでに私たちも「もう一人のチッソ」なのです。「近代化」とか「豊かさ」を求めたこの社会は、私たち自身ではなかったのか。自らの呪縛《じゅばく》を解き、そこからいかに脱して行くのかということが、大きな問いとしてあるように思います。

私は今、水俣病患者として水俣病を語っているわけでもなくて、水俣病患者として生きているわけでもありません。私の願いは、人として生きたい、一人の「個」に帰りたいということの一点だけです。水俣病事件の四〇年、戦後五〇年、私たちを支配し、まるで奴隷下に置くかのようなこの「システム社会」が肥大化してきて、自分の命の源がどこにあって、どういうふうに生きていくのか、もうわからん如《ごと》なってしもうたそのときに、生まれ育った不知火の海と、そこに連なる山々や天草の島々、その連なる命の世界の中に、自分がひとり連なって生かされているという実感をともなって感じたとき、本当に生きているという気がするわけです。(4)

緒方はこの「魂のゆくえ」という証言のなかで、巨大なシステム社会に巻き込まれ振り回されないで、一人の「個」に帰って〈選んで生きる〉ことの大切さを、自らの苦難に満ちた体験を通して語っている。自分の力で選んで生きていかないと、巨大なシステム社会に「魂が閉じ込められ制度化され」てしまい、「自分の命の源がどこにあって、どういうふうに生きていくのか、もうわからん如《ごと》なってしもうた」と語っている。

一人の「個」にかえることも、システム社会から脱する（降りる）ことも、並大抵のことでできるものではない。それは緒方正人の凄絶なライフヒストリーを綴った『チッソは私であった』（葦書房、二〇〇一年）を読めば一目瞭然である。

緒方にそうした力を与えてくれたのは、不知火の海であり、そこに生きる魚《いお》たちであり、水俣病で逝った肉親をも含めたたくさんの死者たちへの祈りと、それらによって自分の魂が〈受容されている〉という信念（信仰）であった。

緒方ほどに巨大システムから降りる力も勇気もない、自然や死者たちから自分が〈受容されている〉という信念（信仰）もない私たちは、どうすればいいのだろう。本書で私が考えてきたことはそのことだった。

私たちが呑みこまれてきた巨大システムは、産業システム、教育システム、医療システム、交通システム、エネルギーシステム、情報システム、政治／行政システム、司法システム、福祉システム、食糧システム、軍事システム、輸送システム……などの大小の社会システムを組み込んで、もの凄い勢いで動いている。

既成の反体制政治組織もまた、五五年体制を見れば明らかなように、保守・革新の激しい対立を繰り返してきたかに見えながら、この巨大システムの膨張を補完してきたという側面を、私たちは見逃すことができない。

今日の日本社会のなかでまったくシステム社会に依存しないで生きることは、容易なことではない。しかし、片足は「システム社会」に、もう一方の足は比較的に自由と選択の余地のある等身大の「ネットワーク社会」におくことはできるのではないだろうか。人と自然との無理のないつながりを大事にするこの「ネットワーク」はローカルなものもあれば、国際的なネットワークの場合もあるだろう。

学ぶこと、働くこと、心身を癒すこと、食べること、楽しむこと、祈ること……などを、システムや制度にのみ依存しないで自分（たち）の手に取り戻すことである。

それは、一つではなく複数の職業にかかわったり、自分の食べ物の幾分かは自分で作って食べる生き方だったり、巨大システムが見向きもしないような分野の仕事を選んだりすることでもあるだろう。それはまた、一つのアイデンティティに固執するのではなく、複数のアイデンティティを楽しみながら生きる暮らしかもしれない。

農的な暮らしを大切にする哲学者の内山節がよく言うように「自分が存在することに対する自己諒解」（自然や風土や、死者をも含めた他者との魂の折り合い）(5)に、両足への比重のかけ方次第で近づいて行くことができるだろう。一人ひとりの、そのような生き方の選択が、巨大システムの倫理なき暴走にブレーキをかける力に繋がっていくだろう。

そうした生き方を選ぼうとしている若者たちが、私のまわりにもけっこう存在していて、私は励まされる。がしかし、なんとしても「システム社会」に自分自身をはめ込もうと、わき目もふらずに、自分の体のリズムもかえりみず、いつも欠乏感に苦しみ、いつも何かに怯えながら働きつづけている若者も少なくない。

かくいう私自身も、そうした若者たちと似たり寄ったりの人生を生きてきたオロカな人間（老人）の一人である。いまだってそうした人生から卒業できているとは、とても言い切れない。

それでも、ヘコタレズに生きていこうよ！　という意志をこめて、本書を見えない／見ようとしてこなかった隣人や世界と向き合って生きようとしている、「未然の可能性」（フレイレ）を秘めた若者たちと大人たちに贈りたい。

（二〇一二年一二月一一日）

（1）宮本常一「津浪・高潮」、田村善次郎・宮本千晴監修、須藤功編集『宮本常一とあるいた昭和の日本14・東北編』所収（農文協、二〇一〇年）
（2）ウルリヒ・ベック著、東廉／伊藤美登里訳『危険社会――新しい近代への道』（法政大学出版局、一九九八年、原著は一九八六年、フランクフルト）
（3）高橋哲哉『犠牲のシステム　福島・沖縄』（集英社新書、二〇一二年）
（4）緒方正人「魂のゆくえ」、栗原彬編『証言 水俣病』所収（岩波新書、二〇〇〇年）
（5）内山節『文明の災禍』（新潮新書、二〇一一年）、同『ローカリズム原論』（農文協、二〇一二年）

楠原 彰（くすはら　あきら）

一九三八年、新潟県中蒲原郡の農村に生まれる。大学（新潟大学）・大学院（東京大学）で教育学を専攻。大学助手（東大）を経て、大学教員（専任國學院大學、多数の国公私立大学の兼任）として学生たちの学びと教育にかかわる。また、市民運動として反アパルトヘイト運動に参加してきた。九〇年代からはアジアやアフリカ諸地域を若者たちと歩く。現在、國學院大學名誉教授、日本ボランティア学会運営委員。「地下水」同人。大学で出会った若者たちと岩手県紫波町の里山の間伐作業に通い続ける。農民詩人・真壁仁の研究ノートを制作中。

◆おもな著作

『自立と共存』（一九七六・亜紀書房）
『アフリカは遠いか』（一九八一・すずさわ書店）
『アフリカの飢えとアパルトヘイト』（一九八五・亜紀書房）
『南と北の子どもたち――他者・世界へ』（一九九一・亜紀書房）
『世界と出会う子ども・若者』（一九九五・国土社）
『セカイをよこせ！ 子ども・若者とともに』（一九九九・太郎次郎社）

◆訳書（共訳）

『被抑圧者の教育学』（一九七九・亜紀書房）
『伝達か対話か』（一九八二・亜紀書房）
いずれもパウロ・フレイレ(Paulo Freire)著

学ぶ、向きあう、生きる

大学での「学びほぐし《アンラーン》」——精神の地動説のほうへ

二〇一三年二月二十日　初版印刷
二〇一三年三月十日　初版発行

著者……楠原　彰
装幀……日下充典
発行者……北山理子
発行所……株式会社太郎次郎社エディタス
東京都文京区本郷四—三—四—三階　郵便番号一一三—〇〇三三
電話〇三—三八一五—〇六〇五　FAX〇三—三八一五—〇六九八
http://www.tarojiro.co.jp/
印刷・製本……厚徳社

定価はカバーに表示してあります。
ISBN978-4-8118-0760-7　C0037